子どもの**身体能力**が育つ魔法のレッスン帖

"運動神経"は、もっと伸ばせる！

保護者や指導者のみなさまへ

大丈夫！誰だって運動が得意になれます

　「子どもたちの運動能力が低下している」と、今、その危機が叫ばれています。
　原因のひとつは「体を動かす遊び」が減ったことです。近年では屋外での遊び場所が少なくなり、遊びの種類も携帯型ゲームが主流になりました。こうした状況の中、「運動する力」が育たないまま、年齢を重ねてしまう子が増えているのです。

　「運動する力」が育たないと、ケガをする子が増えます。じっさい、転倒や落下で骨折する子や、頭や顔を強打する子が多数います。また、肥満や糖尿病などの"ぜいたく病"と言われる大人の病気が子どもに増えているのも心配です。
　長い人生を健康に生きるためには、「運動する力」は不可欠です。その基礎は、子ども時代の経験によって育まれます。ところが「基礎的な運動能力」が育たないまま、運動を苦手に思い、体育やスポーツを自ら遠ざけてしまう子が多いのです。

　小学校の体育の現場では、次のような問題が指摘されています。
・できる運動の種類が少ない、運動経験の種類が少ない。
・自分の体の動かし方がわからない、体を操作する能力が低い。
・動きの中で、自分の体がどんな状態にあるか、この後どうなるか想像できない。
　さらに「運動が得意な子」と「苦手な子」がくっきり分かれている「二極化」という問題もあります。クラブや少年団で、熱心に運動をしている子の能力は高まる一方で、苦手な子はスポーツから遠ざかり、ますます嫌いになっていきます。

　こうした状況を少しでも改善できたらと思い、本書を書きました。運動が苦手な子も、上達のポイントやコツを知れば、かならずできるようになります。そのためにはまず、保護者や指導者が子どもの力を信じて、引き出してあげることです。
　また本書では、運動が得意な子のために、運動神経をさらによくする新しい考え方やトレーニング方法も紹介しました。もちろん、苦手な子の能力も高まります。
　「できた！」と言うときの子どもの顔は輝いています。その感動の瞬間を、私と共に味わっていただけましたら幸いです。

髙橋宏文

小学生のみなさんへ

体にはすごい能力が宿っている

質問です。なぜ、あなたはこの本を読もうと思ったのでしょうか？
「運動が苦手だけど、できるようになりたい」「もっとスポーツで活躍したい」
こんなふうに思った人なら、かならず運動能力は高まります。

人間は動物の仲間です。「動く物」だから動物。でも、人間はチーターのように速く走れませんし、鳥のように高く飛べません（たとえば、チーターは時速約120kmで走り、アネハヅルは8000m以上ある高い山を越えていきます）。

ところが、人間には、それ以上の能力があります。走ったり、とんだり、投げたり、ぶら下がったり、いろいろな動きができること。そして、もっとすごいのは、考えながら、運動できることです。「この後どうなるか？」と予想したり、「もっと上手になるには？」と工夫しながら運動ができるのです。

先生はふだん、大学生に体育を教えています。また、大学の男子バレーボール部の監督もしています。彼らの多くは運動が得意ですが、最初からできたわけではありません。練習して、少しずつ運動が得意になっていったのです。

だから、いま「運動が苦手」という人も、あきらめないでください。練習すればかならず上達していきます。少しずつ上手になり、できることも増えていきます。生まれつきの能力ではなく、体験の積み重ねで、できるようになるのです。

プロ野球選手が時速150kmの剛速球を打ち返せるのは、何度もくり返し練習したからです。練習してバットを速く、力強くふれるようになるのと同時に、速いボールを見て「どのタイミングで、どこにくるか」を予測できるようになったのです。はじめからスーパープレーができたわけではありません。

みなさんの中にも「運動ができる力」が宿っています。それを信じて、この本を読み、実践してみましょう。進歩のスピードは人それぞれですが、確実に運動ができるようになるはずです。

髙橋 宏文

子どもの身体能力が育つ魔法のレッスン帖 ● もくじ

保護者や指導者のみなさまへ　2
小学生のみなさんへ　3
この本の上手な使い方　6

大人も知っておくべきこと──
1章 子どもの「運動する力」は ぐんぐん伸ばせます！

いっぱい遊んで動いた子ほど、基本的な動きが身についている　8
運動神経ってなんだろう。運動の能力は生まれつき？　10
運動やスポーツは「基本的な動き」の応用だ！　11
どんなスポーツにも「5つの力」が関係している　12
スポーツの得意な子は感知能力や内観力がすぐれている　14

二重とびもこれでバッチリ！──
2章 「走る・とぶ」が どんどんスゴくなる魔法のレッスン

足を速くする　16　（Lesson 1〜8）
二重とびができる　22　（Lesson 1〜5）
ジャンプ力をつける　26　（Lesson 1〜4）

逆上がり、逆立ちができた！──
3章 「器械運動」が メキメキうまくなる魔法のレッスン

逆上がりができる　30　（Lesson 1〜8）
空中前回りができる　36　（Lesson 1〜3）
きれいに前転＆後転ができる　38　（Lesson 1〜3）
きれいな後転のコツ！　41　（Lesson 1〜4）
逆立ちができる　44　（Lesson 1〜4）
側転ができる　47　（Lesson 1〜4）
とび箱がとべる　50　（Lesson 1〜4）

小さいボールも大きいボールもOK！
4章 「投げる、とる、打つ」が一発で上達する魔法のレッスン

ボールを投げる　54
ボールを投げる前の大切な運動　55　（Lesson 1〜4）
小さなボールを投げる　57　（Lesson 5〜6）
ドッジボールを投げる　59　（Lesson 1〜5）
コントロールよく投げる　62　（Lesson 1〜2）
ボールをとる　64　（Lesson 1〜4）
ボールを打つ　68　（Lesson 1〜5）
苦手な子のレッスン　72

"運動神経"の秘密がわかった！
5章 できる子も苦手な子も動きが劇的に変わる コーディネーショントレーニング

コーディネーショントレーニングって何？　74
コーディネーショントレーニングの「7つの能力」とは　76
どのように実践すれば効果的か？　78
定位能力トレーニング　80　（training 1〜3）
反応能力トレーニング　82　（training 1〜4）
連結能力トレーニング　84　（training 1〜4）
識別（分化）能力トレーニング　86　（training 1〜3）
リズム化能力トレーニング　88　（training 1〜4）
バランス能力トレーニング　90　（training 1〜4）
変換能力トレーニング　92　（training 1〜4）

最後に──子どもたちの大きな可能性と未来を信じる　94

この本の上手な使い方

その1 ━━ 運動する前に、最後までひと通り読んでみましょう。そのほうが勉強になります。その後で、興味のある種目のページを開きましょう。

その2 ━━ 運動をしても、すぐにできないこともあります。そんなときでも、体の中では、できるようになる準備を整え、力をためています。そしてある日、できるようになるのです。あきらめずに努力をつづけてみましょう。

その3 ━━ お父さんやお母さんに見てもらい、励（はげ）ましてもらいながらやりましょう。ひとりでは危険なものもあります。

その4 ━━ ムリをせず、楽しくやりましょう。イライラしたり、「できない」と思うと、成長にブレーキがかかってしまいます。

その5 ━━ 利（き）き手、利（き）き足があります。最初は、やりやすい手や足でやってみましょう。ときどき本当は左利きなのに、右手や右足が利き手だと思っている人がいます。

その6 ━━ どの運動も、スピードより、ひとつずつの動きを正確にやることが大切です。そして、できるようになったら、少しずつスピードアップしたり、力を入れたり、むずかしいことにチャレンジしていきましょう。

> 大人も知って
> おくべきこと――

1章

子どもの「運動する力」はぐんぐん伸ばせます！

"運動神経"や"運動能力"は生まれつきのものと思われがちですが、それは大きな誤りです。たとえば、天才と言われるアスリートも、赤ちゃんのときは、ハイハイやヨチヨチ歩きでした。もしも彼らに"才能"があるとしたら、それは体を動かすのが好きなことと、努力をしつづけたことでしょう。その中で「運動する力」が育っていったのです。

いっぱい遊んで動いた子ほど、基本的な動きが身についている

　このページで絵にした動きは、私たちが生活していくために必要なものです。
　そして、運動をするときにも、こうした動きが基本となります。どんなスポーツでもそれは同じです。たとえば、プロ野球選手が速いボールを投げたり打ったりできるのも、サッカー選手が上手にドリブルやシュートができるのも、さらには、体操選手が空中で体をひねりながら回れるのも、すべてはこのような「基本の動き」が高度になり、それが組み合わさってできることなのです。
　こうした動きは、小さいころからの"遊び"の中で育ちます。どんどん遊び、いっぱい体を動かすほど、さまざまな動きが身につき、上手にできるようになります。つまり、子どものころに、たくさん体を動かして遊んだ子ほど、体育やスポーツが得意になるというわけです。
　さて、あなたは、次のような動きを、正しく、すばやくできるでしょうか？
　お父さんやお母さんといっしょに、ひとつずつ、やってみましょう。

体のバランスをとる動き

・立つ・　・すわる・　・寝る・　・伏せる・　・起きる・　・回る（前後転）・　・回転・転がる・　・ひねる・　・片足で立つ・　・渡る・　・ぶら下がる・

体を移動する動き

●前に歩く● ●後ろに歩く● ●横に歩く● ●はねる● ●とぶ●

●登る● ●上がる● ●降りる● ●下がる● ●はう● ●よける● ●すべる●

用具を操作する動き

●もつ● ●握る● ●運ぶ● ●投げる● ●捕る● ●ける● ●とめる● ●振る● ●打つ●

  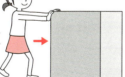  

●積む● ●掘る● ●押す● ●転がす● ●引く● ●こぐ●

自分を支え持ち上げる動き

●腕立て● ●背筋● ●腹筋● ●けんすい● ●よじのぼる●

運動神経ってなんだろう。
運動の能力は生まれつき？

　小学生のある競技大会を見ていたとき、お母さんたちのこんな会話が聞こえてきました。

　「A君は運動神経がいいわよね。うらやましいわ」「ホント。それにくらべてうちの子ったら。やっぱり私もダンナも（運動神経が）にぶかったからよね…」

　じつは、お母さんたちのこの会話には、大きな間違いがありそうです。

　それは、「運動神経」は、両親から遺伝するのではなく、成長する中で育っていくということ。それは、さまざまな研究からわかっています。

　こんな例が報告されています。ふたごのきょうだいがいて、ひとりは外遊びが大好き、ひとりは家の中での遊びが大好きでした。ふたりは成長し、ひとりはアスリートになり、ひとりはふつうの会社員になりました。同じ親から同じ日に生まれ、同じ家庭で育った。違ったのは遊び方です。外遊びが好きだった子は、そのままスポーツの道を歩んでアスリートになった。つまり、運動神経は、生まれつきのものではなく、その後の環境の影響を受けるわけです。両親は運動が苦手でも、子どもは「運動が得意」ということは、あり得るのです。

　もうひとつ、覚えておいてほしいのは、「運動神経」についてです。

　そもそも、「運動神経」という特別な"神経"は体の中にありません。

　手や足をはじめ、体が動くのは、筋肉が伸びたり縮んだりし、関節が動くからです。そして、筋肉を動かすのが神経です。頭と体をつなぐ神経には、電気信号のようなものが通っていて、脳から「動け」というサインが出ると、動きます。

　何度もそれをくり返しているうちに、脳は「あっ、この動きね」と学習したり、「新しい回線」ができたりします。これによって、脳はより速く、より明確なサインを出せるようになり、筋肉もそのサインをスムーズに受け取れるようになります。

　最初はできなかった動きが、何度も練習してできるようになるのはこのためです。ですから、「運動神経がにぶい」とあきらめるのではなく、「私にもできる」と思って、何度も練習したり、いろいろな運動をしたりすることが大切です。

　そうしているうちに、体が動くようになり、運動能力は高まっていきます。

運動やスポーツは「基本的な動き」の応用だ!

　スポーツの動きはすばやく、複雑（ふくざつ）に見えますが、そのひとつひとつは、8ページで見たような「基本の動き」がもとになっています。ということは、「基本の動き」ができれば、運動やスポーツは得意になれる、というわけです。

　たとえば、「立つ」「すわる」という動きは、家や学校で、誰もがふつうにやっていますが、運動ではありません。でも、音楽や号令などの「状況に合わせて」立ったりすわったりすれば、それは運動になります。

　「基本の動き」と「運動」との大きな違いを、下にざっとあげてみました。

「基本の動き」と「運動」の違い

①さまざまに「変化する状況」に合わせて実践（じっせん）するのが運動。

②状況に合わせ「基本的な動き」を組み合わせて実践するのが運動。

③基本的な動きのスピードを変えて実践するのが運動。

④スピードに抑揚（よくよう）（変化（へんか））をつけて実践するのが運動。

⑤より速いスピード、より遅いスピードで実践するのが運動。

⑥より力を込めて実践するのが運動。

⑦力の入れ方に抑揚（変化）をつけて実践するのが運動。

⑧力を入れるタイミングを変えて実践するのが運動。

⑨より長く、より短くと、距離（きょり）を変えて実践するのが運動。

⑩リズムを変えて実践するのが運動。

⑪いろいろなリズムを組み合わせて実践するのが運動。

⑫タイミングを合わせて実践するのが運動。

⑬タイミングを変えて実践するのが運動。

　どんなに高度で複雑な運動やスポーツも、「基本的な動き」を応用したものでしかありません。小学生のみなさんは、このことをしっかりと覚（おぼ）えておきましょう。

どんなスポーツにも「5つの力」が関係している

「基本の動き」は人間が生きていくには、どれも大切なものです。その中でも、スポーツが得意になるには、つぎの「5つの動き」が重要だと、私は考えています。
①走る　②とぶ　③投げる　④回る　⑤ぶら下がる（握る）

　スポーツは運動と違い、「ルール」があり、「競う」というゲーム性があります。競う相手は、人だったり、自分の記録だったりしますが、スポーツをする人は「より速く、より高く、より遠く、より強く」なろうと、がんばっています。

　「走る、とぶ、投げる」の「3つの力」は、説明するまでもないでしょう。
　速く走れれば、短時間でより遠くまで移動できます。100m走で相手より先にゴールすることもできるし、遠くに飛んだボールに追いつくこともできます。
　高くとべれば、より高いところで運動できます。ハイジャンプで高いバーを超えることも、バスケットボールでリングの間近からシュートを打つこともできます。
　投げる力が強ければ、用具をより速く、遠くに移動させることができます。ボールを速く投げたり、やりを遠くに投げたりできるのです。

「回る力」はワザのたくみさに欠かせない

　「回る」という運動では、姿勢が大きく変化し、バランスが崩れた状態になりやすいですね。自分の体の姿勢や動きが、今、どうなっているかを判断し、それを立て直せる力は、スポーツにとって欠かせません。

　サッカー選手は、体勢を大きく変化させながらドリブルしつづけますし、バレーボール選手は空中高くジャンプしながら体をひねってボールを打ちます。

　体のバランスがとれている選手ほど、これが上手にできます。技のたくみさとバランス力は、切りはなせない関係にあります。

　「ひねり王子」とよばれる体操の白井健三選手や、氷の上で4回転ジャンプを次々と成功させるフィギュアスケートの羽生結弦選手が、「回る能力」に長けていることは言うまでもありませんね。

「つかむ力」はパワーの出口になる

　水泳の日本記録をどんどん塗り替えている高校生のスーパースイマーがいます。池江璃花子選手です。なんと池江さんのおうちには、天井に「うんてい」がつけられているそうです。うんていにぶら下がることで、ものをつかむ力（握力）がきたえられます。握力は走力や腕力など、全体的な運動能力の発達と関係するという研究もあります。人間は動物の中で、いちばん脳が発達していますが、それは手先の器用さと大いに関係していると言われます。つまり、頭もよくなるのです。

　池江さんは背が高く、腕も長いのですが、それはうんていで握力や腕力を中心に上半身がきたえられたことと無関係ではないでしょう。また、ぶら下がることで、胸も広がり、呼吸の能力も高まったと考えられます。

　このほかにもいろいろなメリットが考えられますが、スポーツ選手の多くには、「握力が強い」という共通点があります。

　たとえば、速いボールを投げるには全身のパワーが必要です。足→体幹→肩→腕→手先→ボールの順でパワーが伝わっていくのですが、最終段階の手先に力がなければ、せっかくのパワーはそこで逃げてしまいます。握力の強さは、全身のパワーをうまく生かせるということにもつながるのです。

スポーツの得意な子は
感知能力や内観力がすぐれている

　運動能力を育てるのに、とてもよい運動があります。それは「高這い」とよばれ、手足を使って交互に歩く運動です。私は大学生を教えていますが、運動能力の高い子は、高這いの動きがスムーズで、しかも速い。また「それをバックでやって」と言うと、ススススーッと移動できます。いっぽう、能力の高くない子がやると、しゃくとり虫みたいにぎこちない動きになるのです。

●高這い●

　ふだん、私たちは二足歩行で生活していますが、「高這い」は四足歩行。すると、上肢（腕）と下肢（足）に50％ずつ体重を配分しなければならず、自分の体の状況を把握できなくなります。このため、どうやって体を動かせばいいのかわからないのです。これは脳と四肢の神経に、電気信号がうまく伝わらず混乱している証拠です。

　回ったり、転がったりが苦手な子もこれと同じで、「自分がどうなっているか」を見通せない。だからそれがこわくて、動きにブレーキをかけてしまいます。

　いっぽうで、姿勢変化に対して感知能力の高い子は、体がこうなると予測できるし、じっさいに対応もできます。だから新しい動きに対しても思いきりよく動けます。

　自分でも覚えていませんが、誰しも最初にすべり台をやったときは、恐怖だったはずです。「自分は動いていないのに動いている」という新しい感覚だったから。

　しかし、回数を重ねたり、さまざまな動きを経験したりするうちに、「あっ、こういうことね」とわかってくる。自分の内面と対話しながら理解し、覚えるのです。

　そうした「内観力」が高い子は、人を観察して自分の動きにできる力があります。また、予測力も高い。たとえば、ボールがどのタイミングで、どこに来て、どうすればそれに対応できるのかがわかります。

　運動にとって内観力はとても大切ですが、それは体験の積み重ねで育つのです。

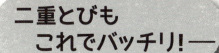

2章

「走る・とぶ」が
どんどんスゴくなる
魔法のレッスン

「走る」「とぶ」はスポーツには欠かせない動きです。走るのもとぶのも、同じように地面をけることで、体を前進させたり、上にとび上がったりします。つまり、「ける力」が強いほど、より速く、より高く、体を移動させることができるのです。練習と思うとつらくなるので、遊び感覚で取り組んでみましょう。

> 魔法のレッスン1

足を速くする
地面をしっかり、強くけると、グンと前に進む

みなさんは、運動会の徒競走（かけっこ）は好きですか？

おそらく「好き」と言う人は、足の速い人で、いつも1番とか2番で、リレー選手にも選ばれるような人でしょう。「あんまり」とか「嫌い」と言う人は、負けてしまい、自信をなくしているのかもしれませんね。

でも、そんな人も安心してください。足は速くなります。

かけっこで、いつも1番になる人を見ると、2つの特長があります。

①一歩が大きい（歩はばが広い）
②足の動きが速い（足が次々と出る）

背の高い人は、足が長く、一歩が大きくなります。でも、背の低い人も、一歩を大きくできます。それには、どうするか？

力強く、地面をけることです。

そして、地面を力強くけれるようになると、もうひとつよいことが起こります。次の足がスムーズに出るようになるのです。ただし、1歩や2歩だけではダメで、連続して足が出るようにしなければなりません。そのためには、どうするか？

しっかり腕をふり、正しいフォームで走ることです。

そのためのコツと練習法を紹介していきます。すぐには1番になれないかもしれませんが、少しずつ速くなっていきます。

保護者の方へ：
やってみるとわかりますが、手を動かさないと、足を大きく前に出すことはできません。手と足だけでなく、全身の筋肉がバランスよくきたえられ、手足をしっかり動かせることが速さの秘訣。短距離の選手が筋骨隆々なのは、このためなのです。

Lesson 1
その場ケンケンで、ける力をつける

地面を足でけることで、体は前に進みます。
しっかりけるほど、前に進む力が強くなりますよね。
そのためには、足の裏全体を使います。ただし、足の裏は縦に長いので、けり出す最後の瞬間は、土踏まずより前の部分（母指球）を使います。母指球とは、土踏まずと親指の間のふくらんだ部分。ここで地面を思いきりけります。
高くとぶには両腕を同時に大きくふり上げますが、ここでは走る練習なので右・左と交互にふることにします。

やりかた
①できるだけ高くジャンプします。
②走るときのように右左右左と手をふると、より高くとべます。
③左足で10回、右足で10回。

着地：
母指球→足の裏全体（かかとは軽くつくていど）。足の裏全体で着地すると、ドスンドスンとなるが、そうならないように

とぶ：
母指球で、地面を強くける

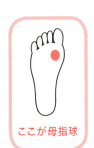

ここが母指球

Lesson 2
ケン・パーでリズムをつける

ケン・パーはよく知ってる運動ですね。
前にける力と、リズム、そして両足着地のときに足の裏全体の使い方が覚えらえます。また、両足から片足に移るときに、体がまっすぐになるようにします。
着地はケンケンと同じで、母指球→足の裏全体（かかとは軽くつくていど）。

やりかた
①左足着地→両足着地→右足着地→両足着地。これをくり返します。
②できるだけ高く、遠くに、そしてリズムよく（スピーディに）。

Lesson 3
「バウンディング」で、より遠くに

陸上競技(りくじょうきょうぎ)の練習に「バウンディング」というものがあります。その名の通り、はずむように大股(おおまた)で前に進みます。

ケンケンは同じ足でとびますが、バウンディングは左右の足で交互に、大きくとぶため、さらに「ける力」がつきます。

着地のときは、ケンケンと同じく、母指球→足の裏全体に（かかとは軽く地面にふれるていど）。ひざを軽く曲げて、衝撃(しょうげき)を吸収します。また、とぶときは、母指球で力強く、地面をけります。

腕は走るときのように、右・左と交互に大きくふります。

> **やりかた** ①とぶ足と反対の足で着地し、そのまますぐにとびます。
> **右足ジャンプ→左足着地・左足ジャンプ→右足着地・右足ジャンプ**
> というように、これをくり返します。
> ②できるだけ高く、遠くに、そしてリズムよく（スピーディに）行います。

Lesson 4
スキップで、足をまっすぐ上げる

スキップのフォームと足の上げ下ろしに注意を向けます。足を下ろすと同時に、反対の足を上げるようにします。また、足を下ろすときは力強く、地面に対してまっすぐ下ろすようにします。

> **やりかた** ①いつものスキップより力強く足を下ろし、力強くけって足を上げる。
> ②ケンケンと同じく、母指球を中心に使い、かかとは軽くふれるていど。
> ③足を高く上げるが、このとき、つま先が、まっすぐ前を向くように。
> ④腕は大きく、体に対してまっすぐにふる。

接地した足と上体が一直線になるように、上体を少しだけ前に傾ける

腕はひじが90度になるように。わきを開かず、まっすぐ、大きくふる

ひざを高く。つま先は上げる

Lesson 5
正しいフォーム(型)を覚える

腕を速く、大きくふると、それが足の回転力につながり、足の動きが速くなります。腕と足をうまく連動することが、速く走るコツなのです。
陸上短距離のオリンピック選手を見ると、スタート直後は前に傾いていますが、スピードにのってくると、上半身はまっすぐに立ち、足の方が前にあります。これは一歩が大きく、足の回転が速いからです。ふつうの人がこのスピードで走ったら、上半身がついていけず、ふんぞり返り、後ろに倒れてしまうでしょう。
小学生のみなさんは、ほんの少し前傾した姿勢で走れるようにしましょう。

やりかた
① 気をつけの姿勢から、少しだけかかとを浮かせます(5mm～1cm)。すると、足の裏の母指球の辺りに力が入り、上半身がほんの少し前に傾きます。背中はまっすぐに。これがバランスのよい前傾姿勢です。これを維持します。
② 腕をひじのところで90度に曲げ、大きく、まっすぐ、速くふる。
③ これを50回。
④ こんどは、足も上げてみます。
⑤ できるだけ、速く、高く足を上げます。
⑥ これを20回。
⑦ ①～⑥をくり返します。

ポイント 大切なのは、しっかりしたフォーム(型)を体に覚えさせること。

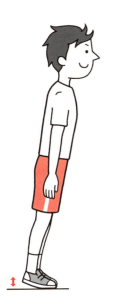

・背筋を伸ばす、ほんの少し前傾
・接地した足と、上半身が一直線

・ひじは90度。ひじが肩の辺りまでくるように
・顔は前を向く

ひざをまっすぐ上げる
(外側に開かない。内側に入らない)

Lesson 6
回転のよい足の運びを覚える

「フットワーク」という言葉があります。「足運び」とか「足さばき」という意味です。どんなスポーツもフットワークは関係します。
かけっこには、大きく分けて「まっすぐな走り」と「カーブの走り」があります。まずは「まっすぐ走る」ときの、足の運びを覚えましょう。

やりかた
①ペットボトル（紙コップでもよい）を40cm間隔で10本、倒して置きます。
②それを踏まないように、できるだけ速く足を動かします。
③このとき、足を着地した瞬間に、反対の足が上がるように意識します。
④また、しっかり手をふるようにします。
⑤次は、ペットボトル（紙コップ）の間隔を60cmにします。
⑥さらに、80cm、1mと、じょじょに広げていきます。
⑦ふたたび40cmに戻し、60cm、80cm、1mと広げます。

注意！
ムリのないところまで、間隔を広げていきながら、回転が速くなる距離をつかみます。

- 背筋は伸ばす
- 腕を大きくふる
- 着地すると同時に反対の足をふり上げる
- 1歩の距離を少しづつ伸ばしていく

保護者の方へ：
じつは、足を動かす速さには限界があります。どんなに練習しても、それほど変わりません。ただし、小学生の場合は速く動かせない子も多く、それを修正することはできます。また、足が後ろに流れてしまうなど、ムダな動きも矯正できます。

Lesson 7
カーブのときは体を傾ける

カーブにさしかかると、とたんにスピードが落ちる人がいます。
そういう人を見ていると、体を内側に倒さず、直立したまま走っています。
内側に体を倒し、外側の手を、より大きく、速くふるつもりで動かすとよいでしょう。まずは、この体を内側に倒す感覚を覚えましょう。

やりかた
①壁から30cmくらい離れ、壁に手を置き、体を斜めに傾けます。
②壁と反対側の手を大きく、しっかり30回ふります。
③反対側もやります。

・壁側の足を少し前に出す
・両足とも母指球に力を入れ、かかとはふれるていど

Lesson 8
小さなカーブを走る

じっさいに体を傾けて走る感覚を覚えます。

やりかた
①ペットボトル（紙コップ）を3m間隔で、ジグザグに5～6本置きます。
②ペットボトルの外側を走ります。

NG！
体が傾くと、手が横ぶりになりやすいので注意

やりかた2
①直径5mくらいの円を書き、そこをグルグル回ります。
②体を傾け、腕をふることを意識します。

> 魔法のレッスン2

二重とびができる

ジャンプして手を2回たたければ、二重とびはできる

　なわとびは、「ジャンプ」しながら「なわを回す」という、ふたつの動きが組み合わさった運動です。だからむずかしいのですが、「ジャンプ」と「なわを回す」という別々の動きなら、小さい子でもできます。

　そして、それぞれの動きができれば、それを組み合わせることはできるのです。

　二重とびも同じです。**「少し高いジャンプ」と「少し速くなわを回す」ことができる子なら、誰でもできます。**同時にやろうとすると、むずかしくなりますが、それぞれ分けて練習すれば、すぐにできるようになります。

　ただし、なわとびの前とびが連続してできなければ、二重とびはむずかしいでしょう。ですから、まずは前とびをできるようにしましょう。

　目標は50回連続でとべること。「ヒュッ・ヒュッ・ヒュッ…」とリズムよくとべるように練習します。50回を30秒でとぶことをめざします。

　なわとびの「材質」と「長さ」も上達の大切なポイントです。
・材質は、ビニール製のものがおすすめ。なわがチューブ状（まん中が空いている）のものや、なわ状のものは、空気の抵抗を受けるため、安定して回せません。
・グリップは短いものより、長いもの。手首の動きがうまく伝わるため、手首を小さく回しても、なわが大きく、速く回ります。
・長さは、なわを両足で踏み、ひじをたたんでもったときに、グリップが胸の高さになるように調整します。長すぎても、短すぎてもやりにくいです。

> 保護者の方へ：
> 上手になってくると、短いものや、軽いチューブ状のものでもとべるようになりますが、最初はよいものを選んであげましょう。なわとびは、運動能力を高めるには、とてもよい道具です。よいものを使うことで、上達し、好きになります。

Lesson 1
前とびで50回連続

二重とびは「前とび」（一重とび）の応用です。ですから、連続して前とびができなければ、二重とびはむずかしい。まずは前とびの練習をしましょう。

やりかた
①前とびを、50回連続でやってみる。
②①ができたら、30秒間で50回とべるか挑戦してみる。

腕を回すのではなく手首を回すように

軽くひざを曲げる

足をベタッと地面につかない

Lesson 2
ジャンプして手をたたく

すでに多くの本やテレビ番組で紹介されていますが、
じっさいに子どもたちにやってもらうと、これがとてもよい方法だとわかります。

やりかた
①なわとびをもたず、1・2と軽くとび、3で高くジャンプし、手を2回たたく。
②連続して「1・2・サーン、1・2・サーン」とリズムよく。（5回）
③これができたら連続して高くとび、手を2回たたく。（10回）

Lesson 3
なわとびを回さずお尻をたたく

なわとびをもってとびますが、回しません。お腹の下の方に力を入れてとぶのも、なわとび上達のコツです。シャツのえりを口にくわえると、視線が正面を向き、安定します。

> **やりかた**
> ①「1・2・サーン」で高くジャンプし、手でお尻の横を2回たたく。
> ②これを連続。
> ③これができたら、連続して高くとび、手でお尻の横を2回たたく。

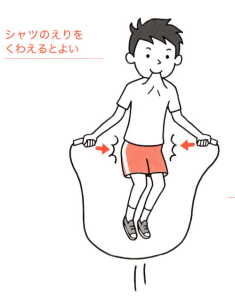

シャツのえりをくわえるとよい

グリップのできるだけ端をにぎる

Lesson 4
なわとびを片手で速く回す

なわとびを片手にもって回します。

> **やりかた**
> ①「1・2」で低く、「サーン」で高くジャンプ。
> 「1・2」ではジャンプに合わせて1回、「サーン」では2回すばやく回す。
> ②これを連続。
> ③これができたら、連続して高くとびながら、2回すばやく回す。
> ④逆の手でもやってみる。

腕を回さず、手首で回すように

Lesson 5
仕上げ

じっさいに二重とびをやってみます。ここまでやってきたなら、二重とびができるはずですよ。でも、連続してとぶのはむずかしい。多くの人は、1回とんだら、姿勢がくずれてしまうからです。
そこで、これまで練習してきたように、「1・2・サーン」のリズムでとんでみます。「サーン」のときに、なわとびを2回回すのです。

やりかた ①「1・2・サーン」のリズムで二重とびしてみる。
②「サーン」の後にしゃがんだりしないで、やってみる。

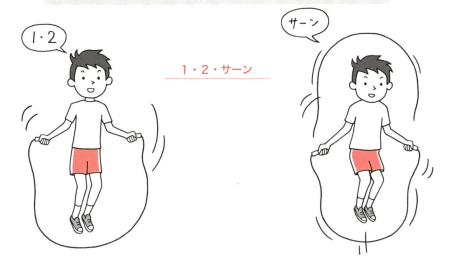

③このリズムでできるようになったら、連続して二重とびをやってみる。最初だけはリズムをつかむために、「1・2・サーン」でとび、その後は、「サーン、サーン、サーン」とやるとよい。

かけごえは、「サーン」ではなく、「ヨーン」「ゴー」「ローク」と数を増やしていくとよい

連続100回にチャレンジ！

魔法のレッスン3

ジャンプ力をつける

ジャンプするまでのスピードを高めてあげよう

バレーボールでは、ネット越しにジャンプしてアタックを打ちます。中には1m以上もジャンプする人がいます。でも、最初からとべたわけではなく、トレーニングをしてジャンプ力がついたのです。

ジャンプ力のすごい人には、2つのタイプの人がいます。

①太ももの力をメインにとぶ人

②ふくらはぎの力をメインにとぶ人

どちらのタイプも、「筋力」と、筋肉が速く伸び縮みするときの反応を使ってとび上がります。これを「伸張反射」と言います。ある筋肉が急に伸ばされたとき、とっさに縮もうとする反応です。これは自分で意識して行うものではなく、脳と神経が勝手に判断して行います。「やばい！筋肉が伸びて傷ついちゃう。急いで縮めなきゃ」と、すばやく筋肉を動かすのです。ゴムを伸ばすと、いきおいよく縮みますね。それと同じようなもので、ジャンプでは、この縮む力を使ってとぶのです。

ジャンプ力をつけるためには、足の筋肉をきたえればよいと思っている人がいますが、**じつは、ジャンプには、全身の筋力が関係しています。**

たとえば、ジャンプのとき、腕をするどくふり上げたほうがよくとべますが、この動きには、腕や背中の筋肉が使われています。ジャンプは全身運動なのです。

ここでは、ジャンプ力の基礎となるレッスンを紹介していきましょう。

保護者の方へ：

小学生の中にも、ジャンプ力をつけようとして厳しいトレーニングをする人がいますが、私はこれには反対です。体が成長段階にあるからです。小学生や中学生時代は大きく、健康に育つことを第一に考えるべきです。トレーニングの負荷が大きすぎれば、体は傷つきます。それだけでなく、成長の妨げにもなるのです。この時期のジャンプトレーニングは、遊びの要素を取り入れて行うことが大切です。

Lesson 1
棒になってなわとび

なわとびをするときは、軽くひざを曲げて、ジャンプの衝撃を吸収しますね。でも今回は、ひざを伸ばし、つま先立ちで、棒のようになってとんでみましょう。

やりかた
①思いきり背伸びをして、つま先立ち。
②その状態で、なわとびをしてみる。
③10～30回。

Lesson 2
ジャンケン・ジャンプ

足と手を開いたり閉じたり、前後にクロスしたりしてリズムよくジャンプ運動をします。かんたんそうに見えますが、やってみると、とてもむずかしいです。

やりかた
①気をつけの姿勢でジャンプ。
②両手・両足を左右に大きく開いて着地し、ジャンプ。
③気をつけの姿勢で着地し、ジャンプ。
④手は頭の上で合わせ、両足は開いて着地し、ジャンプ。
⑤右足を前、左足を後ろに大きく開いて着地し、ジャンプ。
⑥左足を前、右足を後ろに大きく開いて着地し、ジャンプ。
⑦①～⑥をくり返す。

リズムよく声を出しながら

前足のひざを深く曲げ、胸を張る

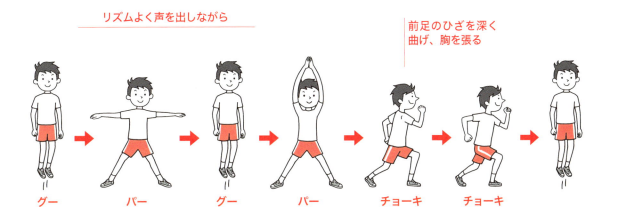

グー → パー → グー → パー → チョキ → チョキ →

Lesson 3
リズムジャンプ

大きなジャンプと小さなジャンプをくり返します。着地した後、すぐにジャンプすることが大切です。「伸張反射」をきたえます。

やりかた
①ひざを軽く曲げた状態から、腕を大きくふり上げ、前に大きくジャンプ。
②ひざを軽く曲げて着地後、すぐに真上にジャンプ。
③軽くひざを曲げて着地する。
④①〜③をくり返す。

ひざを曲げて着地したら、すぐにジャンプ

・準備・　・ふりあげ・　・着地・　・ジャンプ・

Lesson 4
サイドジャンプ

ジャンプは、地面をけって行われます。上半身や脚の筋力が、最終的に足首、足の裏へと伝わり、ジャンプができます。最後の段階で、足首や足指がゆるんでしまうと、力がそこから逃げてしまい、ジャンプ力が伸びなくなります。

やりかた
①右足のつま先で地面をけり、左ななめ前に、大きくジャンプ。
②左足で着地し、ひざを軽く曲げる。
③そのまま、左足のつま先で地面をけり、右ななめ前に、大きくジャンプ。
④右足で着地し、ひざを軽く曲げる。
⑤①〜④をくり返す。

ジグザグに進む

ポイント
①ジャンプするときは、大きく腕をふり上げる。
②着地したときに、体がふらつかないようにふんばる。

逆上がり、
逆立ちができた！――

3章

「器械運動」が メキメキうまくなる 魔法のレッスン

マット、鉄棒(てつぼう)、とび箱…。体育の授業で、尻込みしている子がいます。たしかに、器械運動は、一瞬のうちに、頭が下になったり、足が上になったり、体勢が大きく変化します。日常にはない動きなので、体がどうなるのかわからず、こわいのです。でも、少しずつ動きを分解してやると、アラふしぎ。いつのまにかできるようになるのです。

> 魔法のレッスン1

逆上がりができる

鉄棒に腰を近づけると、クルンと回れる

　小学生にとって、「逆上がりができるか、できないか」は、「運動が好きになるか、嫌いになるか」の分かれ道とも言えます。お休みの日の公園で、逆上がりの練習をしている親子を見かけます。でも、みなさん苦労しているようです。

　鉄棒で、これだけは知っておいてほしいということがあります。

腰を鉄棒にくっつけて回る。

　ということです。これは、逆上がりだけでなく、前回りや後ろ回りでも同じです。腰が鉄棒にくっつくから、頭と足をふり子のようにして、回れるのです。腰と鉄棒がはなれたら回ることはできません（それをやるのは体操選手の大回転です）。

　もうひとつ、鉄棒が上手になるためには、大切なことがあります。

自分を支えられること。

　自分を支えるには、ふたつの力が必要です。
　　①鉄棒にぶら下がることができる力
　　②鉄棒の上で体を支えられる力

　自分を支えられる人なら、かならず、逆上がりはできるようになります。
　ここでは、その方法をお教えしますので、ひとつずつ、やってみてください。

保護者の方へ：
「自分を支える力」があっても、鉄棒が苦手な人がいます。そうした人に共通しているのは、「足が地面からはなれるのがこわい」ことと、「頭が下になるのがこわい」ということです。小さいころに、子どもを逆さにしたり、高い位置にもち上げたり、ふだんの生活にはない感覚を体験させることも、運動能力を伸ばすきっかけになります。

おうちの中でできる練習

Lesson 1
ゆりかごからクレーン車

体を後ろにたおす感覚と、頭の向こうに足がくる感覚を覚えます。

やりかた
①足をかかえて座り、そのまま後ろにたおれ、元に戻ります。
②じょじょに勢いよくやってみます。
③その勢いで両足を上げて、頭の向こうにたおします。

足を伸ばすときは、手で床を押さえる

●ゆりかご前●

●転んだところ●

●足を伸ばしたところ●

Lesson 2
お父さんやお母さんと足抜き回り

体の小さい子は、お父さんやお母さんの体で、足抜き回りをしてみましょう。頭が空中で逆さになる感覚を覚えます。

やりかた
①両手をしっかりつなぐ。
②お父さんのお腹に足をかけ、クルンと後ろに回る。
③その状態から、ピョンとはねて元に戻る。

  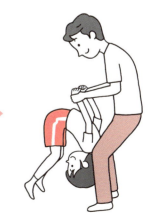

公園の鉄棒で練習

Lesson 3
鉄棒で足抜き回り

やりかた ①肩はばより少し広く、鉄棒をつかむ。
②足抜き回りをする。

・鉄棒はお腹や胸くらいの高さがよい
・親指は鉄棒の下側にする

鉄棒に足がつかないように小さく回る

できない子は… ①片足の裏を鉄棒につけてぶら下がる。
②もう片方の足も上げて、足の裏を鉄棒につける。

Lesson 4
ダンゴムシで5秒

両腕を曲げた状態で鉄棒にぶら下がり、両ひざをお腹にくっつけるように近づけます。
この状態を「ダンゴムシ」とよびます。
「自分の体を支えられるか、どうか」の目安になります。
ダンゴムシで5秒数えましょう。

手と足を曲げて、がまん

公園の鉄棒で練習

Lesson 5
鉄棒の上で体を起こす

鉄棒に体をのせた後、上体を起こしていく感覚を覚えます。

やりかた
①鉄棒を両手でつかみ、ジャンプしてお腹を鉄棒にのせます。
②腕を伸ばし、背筋と足をまっすぐに伸ばします（つばめのポーズ）。
③腕を曲げ、頭を下げます。
④そこから頭を上げ、腕を伸ばし、背筋と足もまっすぐに伸ばします。

●伸ばし●
（つばめのポーズ）

●頭下げ●

頭を上げて腕や背筋を伸ばす
●伸ばし●

Lesson 6
踏み切りと足上げ

腕を曲げてお腹を鉄棒にできるだけくっつけ、足を上げていく感覚を覚えます。

やりかた
①鉄棒を両手でつかみ、軽く腕を曲げます。
②「1・2・3」のリズムで力強く踏み切り、足を上げます。

右利きの場合、足は「左・右・左」となり、左で踏み切る

このとき、右足を手前にけるように、高く上げる

・両足はそろえず、チョキになるように
・お腹を鉄棒につけ、少し「く」の字に

公園の鉄棒で練習

Lesson 7
タオルを使った裏ワザ！

鉄棒をお腹にくっつけるには、タオルなどを使い、
はなれないようにするのがコツです。
こうしてお腹と鉄棒がくっついて回る感覚を覚えるのです。
子どものころ、お父さんやお母さんもこの方法で
できるようになった人もいるはずです。

やりかた ①お腹と鉄棒がくっつくくらい近づき、タオルのまん中を背中に当て、はしっこは鉄棒にひっかけます。
②タオルの上から鉄棒をつかみます。
③タオルをつかんだまま、「1・2・3」と助走し、強く踏み切り、逆上がりをやってみます。

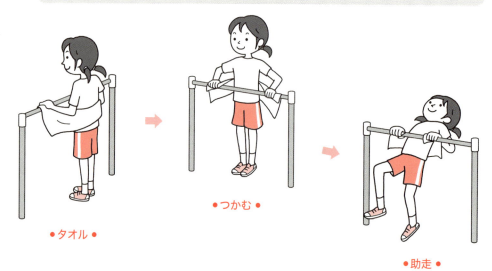

●タオル●　●つかむ●　●助走●

上げた足が鉄棒の手前にくるように

●上がる●

ももを鉄棒にのせる感じで

●回る●

公園の鉄棒で練習

Lesson 8
回るのではなく、足を鉄棒にのせる

回ろうとすると勢いがつきすぎて、足が鉄棒からはなれてしまうことがあります。
成功するためには、お腹を鉄棒に近づけたまま、
ふり上げた片足のももを鉄棒にのせるような感じにします。

やりかた
①保護者の方に、鉄棒の真上にボールをもってもらいます。
②鉄棒をつかみ、「1・2・3」で、勢いよく足をふり上げ、ボールをけるようにします。
③そのまま、ももを鉄棒の上にのせます。
④ももが鉄棒にのると、足の重みで、足先が下に下がります。
⑤あとは Lesson 5 でやったように、頭を上げていきます。
これで逆上がりの完成です！

下のイラストは右足踏み切りの例。
やりやすいほうの足で力強く踏み切ります

・ボール・

・ふり上げ・

・ももを鉄棒にのせ、足先が下がってきたら、頭と上体を起こす
・このとき、少し手をゆるめ、鉄棒を握り直すと上体を起こしやすい

・頭を上げ、完成・

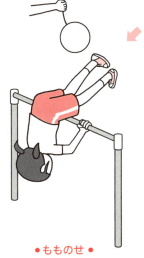
もうひとふんばり
・もものせ・

> 魔法のレッスン2

空中前回りができる

姿勢をよくすると、クルンと回れる

　鉄棒がうまくなる大切なポイントは、「腰を鉄棒にくっつけて回る」ことです。
腰が支点(中心)となり、頭が重りとなって、クルンと回れるのです。
　このとき、腰から頭までの距離を長くすると、重りの力が強く働き、勢いよく回れます。前回りを成功させるコツは、ここにあります。

姿勢をよくして、頭をできるだけ鉄棒から遠くにする。

もうひとつは、回っているときに腰が鉄棒からはなれないようにすることです。

足を曲げ、ももの付け根で鉄棒を下から押すようにするのです。

Lesson 1
ハンカチを使います

鉄棒にハンカチをかけ、ここにお腹とももをくっつけ、
ハンカチが落ちないように意識して回ります。

> **やりかた**
> ①鉄棒にハンカチをかけ、両手で鉄棒をつかみ、とび上がって、つばめのポーズ。
> ②背筋は伸ばしたまま、ももはお腹に近づけます。
> ③前を見ながら勢いよく回りはじめ、回っているときはひざを見るようにします。このとき、足は曲げたまま、ももの付け根を鉄棒にくっつけます。
> ④回った後は、地面におりても○Kです。ハンカチが落ちても○Kです。これを何回もやり、じょじょに勢いよく回れるようにしましょう。

ももで鉄棒
を押さえる

●支持姿勢●

・背筋を伸ばし、前を見ながら、勢いよく回りはじめる
・頭が下になったら、ひざを見る

●前回り姿勢、クルン●

公園の鉄棒で練習

Lesson 2
お父さんやお母さんに支えてもらう

やりかた
①鉄棒にとびのり、足を曲げたら、頭を下にゆっくり落とします。
②保護者は、子どものひざの裏に手をかけ、肩を軽くつかみ、前後に揺らします。
③じょじょに揺れを大きくしていきますが、足は曲げたままです。子どもは、上にふるときは顔を上げ、下にふるときはひざを見るようにします。
④なれてきたら、保護者は子どもの背中を支えながら、鉄棒の上までクルンと1回転させます。

・やさしく肩をもつ
・ひざの裏に手をやる

上に来たら36ページのイラストのように前を見る

回るときはひざを見る

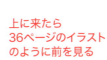

Lesson 3
ハンカチを鉄棒にかけ、ひとりでやってみる

ここまできたらもう一歩。ハンカチを鉄棒にかけ、それを落とさないように意識しながら、クルンと回ってみましょう。回りはじめるときは、頭はまっすぐ、ひざは曲げて、ももの付け根で鉄棒を押さえるようにすることを忘れずに。

保護者の方へ：
はじめは勢いをつけず、頭が十分に下がったら足を曲げるようにすると、自然に回転していきます。

魔法のレッスン3

きれいに前転&後転ができる

体をボールのようにすると、スムーズに回れる

坂道にボールを置くと転がりますね。これはボールが丸いからです。四角かったら転がりません。前転や後転もこれと同じです。

転がるときは、できるだけ体を丸くする。

これが前転と後転をきれいに回る、いちばんのコツです。

でも、いくら体を丸めても、人間はボールのように丸くはないので、まっすぐに転がらず、横にたおれてしまいます。これを防ぐ方法はふたつです。

①両手を開き、しっかりとマットにつくこと。
②頭の後ろをマットにつけること。

さらに、前転・後転は、回るだけでなく、きれいに起き上がることも大切です。そのためには、勢いよく回り、勢いよく立てばよいのですが、子どもにとって、これはとてもこわいことなのです。とくに後転は、後ろが見えないため、恐怖です。

まずは、この恐怖を取るために、体を丸くする運動からはじめましょう。

おうちでやるときは、ふとんやマットレスをしきましょう。

Lesson 1
ゆりかご

やりかた 体育座りをし、ひざをかかえたまま背中をつき、前後に揺れます。

背中を丸め、前後に揺れる

Lesson 2
ゆりかごで立ってみる

ゆりかごは足をかかえたまま行いますが、ちょっとちがう方法でやってみます。

やりかた
①ゆりかごで2〜3回揺れます。
②前に揺れたときに、手を足からはなし、頭の横へ。後ろに揺れたときに、ふとんに手をつく。
③これを何回かくり返す。
④前に勢いよく戻り、足裏を床につけ、お尻を浮かせます。

• 手をつく •　　• 後ろに揺れる •

後ろに揺れたとき、足を少し伸ばし、前に戻るときに、かかとを思いきりお尻につけるようにするのがコツ

• 勢いよく戻る •　　• お尻を浮かせる •

Lesson 3
じっさいにやってみる

やりかた
①足を少し開いて立ち、ふとんに手をつきます。このとき、ひざの間から、お尻を見るようにします。
②そのまま頭の後ろの方からふとんにつけ、クルンと回ります。
③足のかかとをお尻につけるようにして起き上がります。

・お尻を高く上げ、ひざの間からお尻を見るように
・手はできるだけ、足の近くにつく

回るときは、おへそを見るような感じで背中を丸める

最後に足のかかとをお尻につけるようにして勢いをつけ

クルン♪

頭の後ろ、背中、腰、お尻の順につく

手を前に出し、頭を前方の上に引き上げるようにして立つ

パッ！

きれいな後転のコツ！

Lesson 1
つま先やひざをふとんにつける

後転は、お尻、背中、手、頭の順にふとんについていきますが、まずはその感覚を覚えます。

やりかた
①ふとんの上に座り、背中を丸めます。
②後ろに転がり、背中をつけ、頭の向こう側につま先をつけます。このとき、ひざは開いてOKです。また手は、ふとんを押さえるようにします。
③同じように、後ろに転がり、背中をつけ、今度はひざをふとんにつけます。顔にひざをぶつけないように、足は開きましょう。
＊ひざをつけようとすると勢いがつき、この段階でクルンと回れてしまう子もいます。

手はふとんを押さえるように

Lesson 2
手をついて回ってみる

後転では、手のつき方がとても大切です。
しゃがんだら、手首を反らせた状態で、耳の横よりやや後ろ側にもっていきます。
このとき、おへそを見るようにして、背中を丸めます。（後転のポーズ）

やりかた
①しゃがんだ姿勢から、後ろに回ります。お尻→腰→背中→手のひらと頭の後ろ、という順に、ふとんについていきます。
②手がふとんについたら、床を押すようにして、手を伸ばしてみましょう。

耳のやや後ろ、手首を反らして
手のひらは天井に向ける

手はグーなどにせず、
床にしっかりつく

きれいな後転のコツ！

Lesson 3
ふとんとまくらで坂道をつくる

しきぶとん２枚、枕を２個用意します。１枚は３つ折りにし、そこにまくらの端をのせます。その上から、もう１枚のふとんをかけ、坂道をつくります。この坂道ふとんの上で「後転のポーズ」をし、Lesson 2のように回ります。体を小さく丸め、手をしっかりつくことがポイント。手がついたら、ふとんを押すようにして、手を伸ばし、足の裏から着地します。

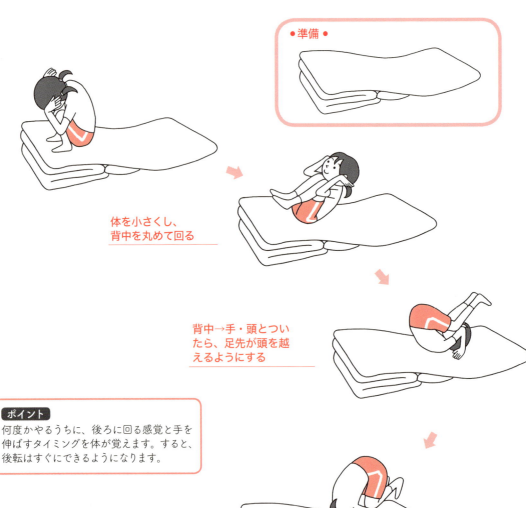

・準備・

体を小さくし、
背中を丸めて回る

背中→手・頭とついたら、足先が頭を越えるようにする

ポイント
何度かやるうちに、後ろに回る感覚と手を伸ばすタイミングを体が覚えます。すると、後転はすぐにできるようになります。

足先が床につくタイミングで、手でしっかりと床を押す

きれいな後転のコツ！

Lesson 4
ふとんでやってみます

クルンと回れるよう、お尻を上げて、勢いをつけます。

やりかた
①後転のポーズをとり、お尻を上げます。目はおへそを見ます。
②お尻を足の近くにストンと勢いよくおろし、体を丸めて回ります。手がふとんについたら、押し上げるように腕を伸ばします。
③保護者が補助をしてもOKです。手がふとんについたタイミングで、腰を上に引っ張り上げてあげましょう。足が頭の後方に上がる感覚と、着地の感覚がつかめます。
④なれてきたら、ひとりでやってみましょう。

かかとの近くに、勢いよくお尻をつける

背中は丸めて

クルン♬

＊この段階で補助をする場合は、腰を上に引き上げるような感じで行いましょう

お尻を上げておへそを見る

ヨイショ！

最後にしっかりと両手でふとんを押す

3章

43

> 魔法のレッスン 4

逆立ちができる

足で立てるのだから、手でも立てる

　逆立ち(倒立)ができない子どもが増えているようです。ある小学生のバレーボールチームの子に、「なんで、逆立ちができないと思う?」と聞いてみました。

　すると、「手の力がないから」とか「バランスが悪いから」などと答えてくれました。中には「逆立ちはこわい」という子もいました。「どうしてこわいの?」と聞くと、「失敗すると、頭を打つから」と答えてくれました。なるほど、そうですね。

　では、ここでみなさんに質問です。「なぜ、みなさんは歩けるのですか?」

　答えはカンタンですね。足で立っているからです。

　では、なぜ足では立てるのに、手では立てないのでしょう?

　それは、手で立った経験がないからです。

　本当は、足で立つように、手でも立てるのです。

　赤ちゃんは、最初からすぐには立てません。でも、何かにつかまって立ったり、壁によりかかって立ったりするうちに「立つ」という感覚を覚えます。そして、ひとりで立てるようになり、やがて歩けるようになります。

　逆立ちも同じです。最初は「頭を下にして、手で全身を支える」という"姿勢の変化"に、体と脳が対応できず、だから立てないのです。**「手で全身を支えて立つ」という感覚をつかめば、誰でも逆立ちができます。**それを信じてみましょう。

　手で全身を支えるには、背中が少しそったような姿勢になるのが理想的です。

　逆立ちのときは、頭を少し上げるのはこのためです。逆に、頭を下げると、背中が丸まってバランスがくずれ、立っていられなくなるのです。

保護者の方へ:
逆立ちは、運動能力の発達にとても有効です。「手で全身を支える」というのは、まさに天地をひっくり返した大きな姿勢変化です。その中で、この感覚を見出せるということが、身のこなしや運動のたくみさなどの能力につながっていきます。

Lesson 1
自分で足を上げる感覚

やりかた
①両手をふとんにつき、しゃがみます。
②ピョンと足をけって高く上げ、両足打ちをします。

Lesson 2
逆立ちで立つイメージをする

足で立てるのですから、手でも立てます。
目をつぶって両手を上げ、顔を上げて体をそり、手で立っている様子を頭に思い浮かべてみましょう。

Lesson 3
壁倒立で逆さになる感覚をつかむ

やりかた
①壁を背にして、両手と両ひざを床につきます。
②壁に足をかけ、手を壁に近づけながら、足で壁を上っていきます。
③戻るときは、少しずつ手を壁からはなし、足を下ろしていきます。

これをくり返す

足でのぼり、手を近づける

● 四つん這い ●

● 足をかける ●

● 近づく ●

Lesson 4
タオルを目印にして補助倒立

倒立のポイントは顔を上げることです。顔を上げると、背中がそるのです。

やりかた
①タオルを細長くし「山」の形に曲げて、ふとんの上に置きます。このタオルを手と目の位置の目印にします。手はタオルの両端に置き、目は頂点を見ます。
②利き足を後ろにして前後に足を開き、腰を曲げ、両手を下げます。
③目印の位置に手をつくと同時に、利き足で床をけり、足を思いきり上げます。目はタオルの頂点を見たままです。
④お父さんかお母さんに、足をつかんでもらいましょう。
⑤かかとが頭のつむじの上あたりにくるように、調整します。
⑥その状態ができたら、補助の人は少し力を抜いたり、手をはなしたりします。
⑦なれてきたら、補助の人をつけずにやってみましょう。体が背中の方にたおれそうになったら、手を一歩前に出してバランスをとります。

構えるとき、背中は軽く伸ばす

手は逆八の字、指は開く

ポイント
・タオルの頂点を見ないと、背中が曲がり、たおれてしまいます。
・タオルを見ていれば、思いきり足を上げてもたおれず、保護者が支えてくれます。
・こわがって、手を床からはなしてしまうのが、いちばん危険です。

●支えてもらう●

●手をはなす●

> 魔法のレッスン5

側転ができる
ふとんを越えたら、かっこよく回れる

　側転は、体をひねって逆立ちをし、ふたたび足で立つ運動です。短時間のうちに「ひねる、逆さになる、立つ」という動きがあるため、脳と神経が混乱し、スムーズにできないのです。
　でも、逆に、小さい子に教えると、バンバンやって、どんどんうまくなります。スピードをつけて回っているうちに、その感覚を体が覚えてしまうからです。
　側転ができない人は、手と足の動きがバラバラです。きれいな側転をするには、

手と足の「向き」と「床につく順番」を正しく行うことです。

　これが第一のコツです。
　右利きの人の場合、多くの人は、つぎのような順番で床につけていきます。

両足→左足→左手→右手→右足→左足

　手足の向きと順番を覚えてやってみると、なんとなく、側転っぽく見えます。
　これに加え、**足が高くふり上げられる**ようになると、きれいな側転になります。
　足を高くふり上げるには、こわがらずに思いきりやってみることです。逆さになることがこわいと、どうしても横ぶりになってしまい、足が上がらない側転になってしまいます。
　きれいに足の上がった側転をしたいなら、**手をついていくときに、勢いをつけて動きはじめる**ことです。
　そして、**手をつくときにどこを見るか**も大切なポイントです。
　逆立ちのときと同じように、**両手の先を見る**といいのです。

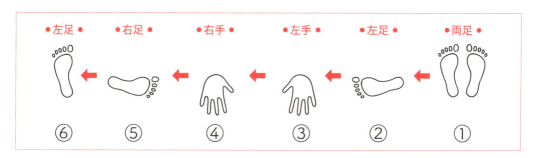

①両足→②左足→③左手→④右手→⑤右足→⑥左足
・右手から床につくほうがやりやすい人は、これと逆にやってみましょう。

Lesson 1
ふとんを越えよう

ふとんを4つ折りにします。幅が45センチくらいになるので、これなら低学年の小学生でも越えられそうですし、ふとんですからぶつかっても安心です。この運動で、足を上げる感覚を覚えます。

やりかた
①両手をつき、両足ジャンプで、ふとんの向こう側に着地します。このとき、手はつけたままにしましょう。
②そこから、同じように、ジャンプして元の位置に戻ります。

テープで目印をつけ、それを見ながらやります
指は開き、前向きに
手はふとんにつけたまま

●手をつく●　目印　●とぶ●　●着地●

Lesson 2
手と足の向きと順番を覚える

側転の大切なポイントである、手と足の「向き」と「順番」を覚えます。ガムテープなどに順番の数字を書き、床とふとんに貼りましょう。

やりかた
①進む方向に横を向いて立ち、両手を頭上に上げてかまえます。手首はそらせます。
②以下、連続動作で、ふとんを越えます。最初はゆっくりやってみましょう。
左足を踏み出す→左手をつく→右手をつく→右足をつく→左足をつく
③スピードを上げてやってみましょう。

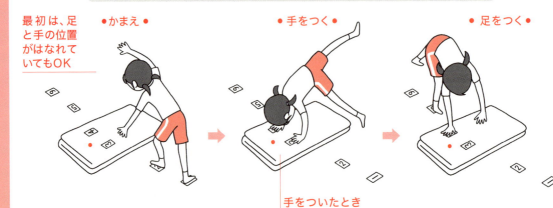

最初は、足と手の位置がはなれていてもOK
●かまえ●　●手をつく●　●足をつく●

じょじょにスピードを上げていく
手をついたとき目は印を見る

Lesson 3
ふとんを重ねていく

やりかた

なれてきたら、ふとんを積み重ねたり、その上にまくらを置いたりして高くします。
また、手をつく位置を、少し足に近づけてみます。
かまえるときに、正面を向いて胸をはり、両手を高く上げ、手首はそらせます。回る速度も上げてみましょう。

Lesson 4
ふとんから落ちないで回る

やりかた

いよいよ本番です。ふとんを平らにし、ふとんからはみださないようにまっすぐ回転してみます。
手と足の位置をどんどん近づけ、最後は直線状になれば合格です。

左手は左足の近くにつく

回るときに足のひざは伸ばし、両足は開く

そのまま片足ずつ着地する

・左手をつくと同時に、左足で床を強くける
・その勢いで足をふり上げる

保護者の方へ：
安全な環境で行ってください。こわいと思うと、動きのブレーキになります。どんどんほめて、楽しくやりましょう。合わせて倒立の練習もしてみましょう。

> 魔法のレッスン **6**

とび箱がとべる

手でジャンプすると、高い段がとべる

とび箱が苦手な子は、とび箱を「こわい！」と思っているようです。「とび上がったとき
に足をぶつけそう」とか「とび越せずにお尻をぶつけそう」、「横に落ちてしまわないか」
「上で座っちゃったらはずかしい」などと考えます。こうした不安があると、体にブレーキ
がかかり、余計にとべなくなってしまいます。

この不安をとるには、「できる！」と思わせてあげることです。**それには、低いとび
箱で「とべる」という感覚と自信をつけてあげる**とよいのです。

私は前からふしぎに思っていたのですが、なぜ、長さの短いとび箱がないのでしょう？
手をついたらカンタンに越えられるとび箱があれば、苦手な子はグンと減ると思っていま
す。

とび箱の「開脚とび」には、4つのポイントがあります。

① 踏み切り板を力強く踏むこと
② ジャンプしたときに腰が高く上がること
③ とび箱についた手より肩が前に出ること
④ 手でとび箱を突きはなせるように、手でジャンプすること

おうちにも公園にもとび箱はないので、練習をすることはむずかしいのですが、上の4
つのポイントは、家でも上達させることができます。

とび箱の代わりになるものはないかな？　と考えて、ひとつ思いつきました！

お父さんやお母さんの体です。おうちの方に協力してもらいましょう。

とび箱をとぶとき、手でとび箱を一気に突きはなしますね。手でジャンプしているので
す。勢いよく踏み切って、足でもジャンプするし、手でもジャンプする。

足と手のジャンプを組み合わせて、とぶ高さに変えていきます。

また、手をつく位置も大事です。大きくジャンプして、手をとび箱の奥の方につくよう
にします。このとき、足を閉じていると、とび箱にぶつかるので、足は大きく開きます。

Lesson 1
ふとんを踏み切り板に

勢いよく走っていた状態から両足で踏み切る。じつはこれ、けっこうむずかしい運動です。とび箱に体当たりしてしまいそうでこわいし、タイミングもむずかしい。そこで、「助走から踏み切る」という練習をしてみましょう。

やりかた
① ふとんを３つ折りにし、テープで目印をつけます。
② ふとんの手前に、片足を前に出してかまえます。
③ 両足で目印を強く踏み、大きく前にジャンプします。
④ なれてきたら、何歩か助走し、踏み切ってみましょう。

・かまえ・

・踏切・

・ジャンプ・

Lesson 2
カエルとびで、腰を高く上げる

腰を高く上げ、肩を手より前に出す感覚をつかみます。

やりかた
① しゃがんだ姿勢から、ピョンととびながら両手を前につき、両足をそろえて着地。
② これをくり返します。
③ なれてきたら、腰が高く上がるよう大きくとび、両手をしっかりついて、体を支えます。着地のときに、両足は閉じてもよいし、両手の外側に開いても○K。

・大きいカエルとびでは、肩より腰が上に上がる
・顔を打たないように注意

Lesson 3
手押し車で歩いてみる

やりかた
①両手をついて腕を伸ばし、おうちの人に足をもってもらいます。この状態で歩いてみましょう。
②できる人は、両手でジャンプするようにして、前に進んでみましょう。

Lesson 4
お父さんの体をとび越えよう

おうちの人に四つんばいになってもらい、とび越えます。

やりかた
①お父さんの背中に両手をつき、背中の上にまたがります。
②またがったまま、お尻の近くに手をつき、できるだけ遠くにとび下ります。
③お父さんから少しはなれて立ち、腰に両手をついて、一気にとびます。
④これができたら、お父さんは立ち、足首をもちます。お父さんから1mくらいはなれて立ち、両足で踏み切り、背中に手をついて、とび越えてみましょう。ここまできたら、とび箱もとべるはずです！

お父さんの足を踏まないように、足を閉じて着地

お父さんの顔のほうに立ち、腰に手をついて、一気にとぶ

お父さんに「立ち馬」になってもらい、背中に手をついて、一気にとぶ

4章

小さいボールも大きいボールもOK！――

「投げる、とる、打つ」が一発で上達する魔法のレッスン

保護者の方から、こんな話をよく聞きます。「自分はボールを投げられるけど、子どもにどう教えていいかわからない」。かつては、めんこや紙ヒコーキなど、ボール以外にも"投げる"遊びがあり、自然に体が覚え、上手になりました。今はキャッチボールをする場所も少なくなりましたが大丈夫。意外に気づいていない上達の秘訣があるのです。

> 魔法のレッスン1

ボールを投げる

体をひねり、小指を上にしてかまえると、強く投げられる

　みなさんは学校で「体力テスト」をやったことがあるでしょうか？　昭和39年（1964）からつづいている計測ですが、開始時の50年前と2014年をくらべると、「ボール投げ」の記録が大きく下がっています。私は1970年生まれですが、子どものころ、公園や空き地ではキャッチボールをする子が大勢いました。しかし、いまでは「ボール遊び禁止」という公園が増え、広い空き地は減りました。こうしたこともあり、ボールをうまく投げられない子が増えているのでしょう。

　腕だけではボールはうまく投げられません。遠くに投げたり、速い球を投げたりするには、**体全体を使います。**

　体をひねりながら、しっかり体重を移動し、腕を大きく、ムチのようにふり、手首を使って投げるのです。

　こうやって、言葉にすると、むずかしいですね。ボール投げの上手な人も、このように考えながら投げているわけではありません。何度も投げているうちに体がそれを覚え、速く、遠く、そして正確に投げられるようになったのです。

　だから、「ボール投げが苦手」という人も、安心してください。練習すれば、かならず上手になります。どんな運動も、やればやるほど上達します。

　苦手な人は、上の赤い字の動きと反対の動きをしています。
・腕だけで投げている **(体を使っていない)**
・はじめから正面を向き、両足がそろっている **(体のひねりや体重移動がない)**
・ひじが下がっている **(腕を大きく、ムチのようにふれていない)**
・投げ終わったときに手のひらが正面を向いている **(手首を使えていない)**
　この4つのポイントを直すだけで、ボール投げは驚くほど上手になります。

　ボールには、さまざまな大きさがありますが、ここでは野球のボールのように小学生でもにぎれるものと、ドッジボールのようににぎれないものとで説明します。

> **ボールを投げる前の大切な運動**
>
> 「投げる」は、体全体を使う運動です。そのため、最初はボールをもたない運動からはじめます。「つまらない」「はやく投げたい」と思うでしょうが、じつは、この動きがとても大切なのです。

Lesson 1
横に移動する

いわゆる「サイドステップ」です。「左足・右足・左足」の順で左に移動し、「右足・左足・右足」の順で元に戻る。これをくり返します。

●開く●　　　●閉じる●　　　●開く●

Lesson 2
両腕を横にふり上げる

両腕を顔の高さまでふり上げる運動です。

小指は上

やりかた
①両腕を胸の前で交差し、開きながら顔の高さまでふり上げる。くり返します。
②両腕を開いていくときに、小指を上にして上げていく。くり返します。
③両腕を開いていくときに、サイドステップをする。左右にくり返します。

●交差●　　　●開き●

Lesson 3
体をひねる

「ラジオ体操」にもある、体を左右にひねる運動です。ひねりを大きくすると、自然に手が頭の高さまで上がります。左右に「小さく小さく、大きく大きく」とひねります。くり返しやってみましょう。

注意：「ラジオ体操」と少し変えて、大きくひねるときに、ひねる側の手の小指を上にします。

・小さく・

・大きく・

Lesson 4
タオルのダンゴで音をならす

タオルの端を結んでダンゴをつくります。

少し体をひねり、右ひじが前に出ないようにする
・かまえ・

やりかた
① 右手で結んでいない方をもち、右耳の後ろ（首のあたり）にかまえます。左手でダンゴを下に引っ張ります。このとき少し体をひねって右ひじが前に出ないようにします。
② 左手をはなすと同時に、ひねった体をもどし、右手を思いきり下にふり下ろします。ダンゴを勢いよく地面にたたきつけ、できるだけ大きな音をさせる。くり返します。
③ 今度は立ったままタオルをふります。同じように、右手は右耳の後ろ、左手でダンゴを引っ張り、左足を前に出してかまえる。ダンゴが体にぶつからないよう、タオルを思いきり体の左側にふり抜きます。「ビュンッ」という音がしたら合格！

・ふり出すとき・

ふり出すときに、左足に体重をのせる
・地面ぶつけ・

体の左側にふり抜く
・ふりぬき・

タオルの重りで自然に手首が使える

小さなボールを投げる

Lesson 2、3、4では、どれも小指を上にしましたが、じつは、投げるときに、これが大切なポイントになります。小指を上にして手を大きく後ろに引くと、ひじが高く上がります。ひじが上がると、腕を大きく、ムチのように使えるのです。さあ、これで上手に投げる準備ができました。じっさいに投げてみましょう。

Lesson 5
おうちの人に投げてみる

Lesson 2の応用編です。おうちの人にボールを投げてみましょう。左手の指先を投げる方向に向け、狙いをつけます。

やりかた
①ボールをもち、おうちの人に対して、横を向いて立ちます。
②両手を胸の前で交差し、大きく横にふり上げ、顔の高さで止めます。このとき、小指が上側になるように。
③そのままボールを右耳の後ろ（首のあたり）にもっていき、ひじを後ろに引きます。
④左足のつま先を、おうちの人に向けて一歩踏み出しながら体重を左足に移動させ、左腕を下ろし、ボールを投げます。このとき、投げ終わるまで、しっかり相手を見て投げます。

・横向き・
・止める・
・投げる途中・
・ボールをはなす・
・フィニッシュ・

タオルをふったときのように腕をふり抜く

Lesson 6
スムーズに投げてみる

やりかた ①両手をふり上げたときに動きをとめずに、ボールをもつ右手を右耳の後ろにもってきて、投げてみましょう。左足を踏み出しながら、左手を下に引くのは同じです。

小さなボールを投げる

・スムーズに手を下から上にもってくる・

大きく円を書くように、右耳の後ろ側にボールをもってきて、ひじは後ろに引く

・右耳の後ろに・

左足を踏み出す（左足に体重移動）

左足を踏み出しながら、左手は左脇腹（わきばら）に引きつけるように引いてくる

左足のつま先は投げる方向に向ける

なれてきたら、つぎのように進化させていきます。

②左足を大きく前に踏み出して投げてみましょう。左手を下に引くのは同じです。左足のつま先は、かならず投げる相手に向けます。つま先は、投げる方向の→の役割をするのです。
③Lesson2でやったように、サイドステップをしながら両腕を開いて右耳の後ろにかまえ、投げてみましょう。
④おうちの人に遠くにはなれてもらい、投げてみましょう。

> **ドッジボールを投げる**
>
> 子どもは手が小さいので、大きなボールをつかむことができません。だから、投げるのがむずかしいのです。しかし、小学生のドッジボール選手は、ものすごいスピードボールを、正確に投げることができます。体をうまく使っているのです。

Lesson 1
両手で上から投げる

やりかた
① 正面を向き、両手でボールをもち、頭の後ろにかまえます。このとき、胸を張るようにします。
② そのまま両手で投げます。

少し胸を張るようにしてかまえる

・かまえ・　　・投げる・

Lesson 2
足を一歩踏み出しながら投げる

やりかた
① Lesson1と同じようにかまえ、左足を軽く前に上げ、胸をそります。
② 左足を地面につくと同時に、そった体を戻して両手で投げます。
③ 次は、もう少し前に左足をついて、投げます。
④ 同じようにして、今度はボールを下に思いきりたたきつけます。
⑤ 同じようにして、今度はボールを思いきり遠くまで投げてみます。

足を踏み出すことで体重が前に移動する

・投げる・　　・たたきつける・

前ページでは、体重移動の感覚を覚えました。でも、これだけでは強いボールは投げられません。体をひねりながら体重移動することを覚えてみましょう。

Lesson 3
横向きから体をひねって投げる

やりかた
①投げる方向に対して、横を向いて立ちます。両手でボールをもち、頭の後ろにかまえます。
②左足を軽く上げ（つま先が地面にふれるくらい）、投げる方向に一歩踏み出すと同時に投げます。左足のつま先は、投げる方向に向けます。
③同じように横向きでボールを頭の後ろにかまえ、サイドステップして投げます。

●横かまえ●

●投げる●

ポイント
・最初は、両手は頭の上を通って出ていきますが、勢いよく投げるようになると少し頭の右上を通るようになります

サイドステップの「左・右・左」で、最後の左を踏み出すと同時に投げる（つま先は投げる方向に向ける）

後ろ向きから体をひねって投げる

④今度は、後ろを向いて立ち、両手でボールをもち、かまえます。左足を軽く上げ、クルッとふり向きながら左足を踏み出すと同時に、投げます。
⑤次は後ろにステップし、クルッとふり向きながら左足を踏み出して、投げてみましょう。

●後ろを向いて●

●投げる●

なれてきたら、後ろにステップして勢いをつけてから、クルッとふり向いて投げてみる

Lesson 4
片手で投げる

やりかた
①横を向いて、両手でボールをもち、ボールが右耳近くにくるようにかまえます。最初は、ひじが下を向いていても○K。
②左足を軽く上げ、前に一歩踏み出すと同時に投げます。指先ができるだけ前に行くようにしましょう。つま先は投げる方向に向きます。

•かまえ•

•投げる•

投げた後、指先ができるだけ前に行くように

Lesson 5
体をひねって投げる

やりかた
①横を向いて立ちます。お腹の前に両手でボールをもち、体を大きくひねりながら、ボールを右耳の後ろにもってきます。Lesson 4より、ひじが上がります。
②その状態から、左足を軽く上げ、前に大きく一歩踏み出すと同時に投げます。右手は体の左側にふり抜きます。

体をひねりながら手を上げると、小指が上に来る

•かまえ•

•投げる•

大きく一歩踏み出すことで、体重移動ができる

保護者の方へ：
ボール投げには、このような過程が重なっています。少しずつ、丁寧に教えてあげると、苦手な子も上手に投げられるようになります。

ドッジボールを投げる

魔法のレッスン2

コントロールよく投げる
目をつぶって投げてみよう

　ボールをコントロールして投げるのは、とてもむずかしいことです。何年も野球をやっているピッチャーでさえ、狙った場所へ投げられず、フォアボールを出してしまいます。少年野球だけでなく、プロ野球の選手だって同じです。時速150㎞のボールを狙った場所にバンバン投げられるのはまさに奇跡、神ワザなのです。

　コントロールをよくするには、何度もくり返し練習することが大切なのですが、ここではそのためのポイントをお伝えしておきましょう。

- 投げる前に左の手先が、投げる方向に向いている。
- 投げるときに、踏み出した左足の先が、狙った方向に向いている。
- 目はしっかり的を見ている。
- 投げる瞬間に、体の前面が狙った方向にまっすぐ向き、安定している。
- 投げる直前に、右手の手のひらが、狙った方向に向いている。
- リリースポイント（ボールを放す位置）が正しい位置である。

　先日、大学生の授業である実験をしました。的を用意し、目をつぶってボールを投げてもらい、見ている人は「もっと下」とか「もっと上」などと言います。

　投げる人は目をつぶっているので、感覚を研ぎ澄ませて、ボールを放す位置や体の向きなどを調整していきます。すると、最初は狙い通り投げられませんが、じょじょに的に当たるようになるのです。「すいか割り」と同じ要領です。

　もっと上とか、もう少し下、ちょっと右…などと投げているうちに、目をつぶっていてもだいたい当てられるようになる。そのような「察しをつける能力」が私たちには備わっています。目をつぶることで、視覚に頼らず、体がやっている運動に対してより敏感になり、センサーが働き出す、とでも言えばよいでしょうか。

　コントロールは、自分の体と対話しながら根気強く調整していくことで、よくなっていきます。そのためにも、上記のポイントを理解しておくとよいでしょう。

Lesson 1
目をつぶって投げてみる

前ページで説明したように、大学生に実験したところ、目をつぶっても当てられるようになりました。みなさんもやってみてください。

やりかた
①的に対して真横を向き、目をつぶります。
②足を踏み出しながら投げてみましょう。
③おうちの人に「もっと上」とか「もう少し右」などと言ってもらいます。

ポイント
自分がどのタイミングで手を放したとか、足をどう踏み出したか、どんな力加減で投げたかなど、しっかり覚えておきます。ふだん目を開けているときは気づきませんが、目をつぶると、自分の体の感覚と向き合えるようになります。

Lesson 2
的からじょじょに離れていく

少しずつ投げる距離を広げていく方法です。的を用意して当てるのでも、おうちの人や友だちとキャッチボールするのでも、どちらでもOKです。

やりかた
①的に対して真横を向き、お腹のところにボールをかまえます。
②左足を軽く上げ、右足だけで立ちます。
③左足を踏み出し、つま先を投げる方向に向けて投げましょう。

4章

63

左手は左脇腹に引きつけるようにして、上体を前方に向け、重心を前に移していく

左手の指先と左足のつま先が投げる方向に向いている

> 魔法のレッスン3

ボールをとる

手にボールが当たると、ボールがとれる

　キャッチボールが苦手な子を見ていると、捕球するときに、顔をよけながら、グローブをはめた手が伸びています。ボールをこわがっているのです。

　なぜこわいのか？　「とるのがうまくない」ということもありますが、ボールとの距離感がわからないからです。ボールが体に当たるのがこわいのです。

　ボールをとるのがうまくなるコツ。それは、やはりこれしかありません。

**　スピードの遅いボールを近くから投げ、それをとる。そして、少しずつ距離を広げたり、スピードを速めたり、いろいろな方向に投げたりして、それになれていく。**

　このくり返しで、ボールとの距離感がつかめてきて、ボールがどこに、どんなスピードで来るのか"予測"ができるようになるのです。

　ドッジボールのような大きなボールは、両手でボールをつかむタイミングがわかれば、わりとカンタンにとれるようになるのですが、小さなボールはむずかしい。

　とくに野球やソフトボールのように、グローブをはめると、さらにむずかしくなります。

　そうした捕球法は、各専門の指導者にお任せするとして、ここでは、どんなスポーツにも共通する、基本の方法を紹介したいと思います。

　ボール慣れしている子は、どれもカンタンにできると思いがちですが、ひとつずつやってみると、意外にできないことがあったりします。

　指先を前方に向け、手のひらが上向きの状態でとるのが、もっとも簡単な捕球法です。指先を上に向け、手のひらが正面を向くとむずかしくなります。いろいろな軌道でボールを投げ、この感覚の違いを覚えさせます。

> 保護者や指導者の方へ：
> 私が専門にしているバレーボールでもそうですが、速いボールをレシーブさせたいと思い、最初から強いボールを打つ指導者がいます。気持ちはわかるのですが、やはり「急がば回れ」のことわざ通り、少しずつボールの速度を上げたり、範囲を広げたりしていくことが上達の近道だと思います。

Lesson 1
手に当ててみる

捕球は、手でつかむというタイミングとワザが必要です。
まずは、つかむのではなく、手に当ててみましょう。

やりかた
①手のひらを前に向けて、顔の横にかまえます。
②2mくらいの位置から、山なりのボールを投げ、それを手のひらに当てます。
③反対の手でもやってみましょう。

•かまえ•

•当てる•

・おうちの方は手をねらって投げましょう
・体は投げてきた人の方に向ける

Lesson 2
千手観音当て
（せんじゅかんのん）

やりかた
①手のひらを前に向け、大きく手を回します。そこが手の届くところです。
②手の届く範囲にボールを山なりで投げ、それを手のひらで当てます。
③反対の手でもやってみましょう。

•大きく手を回す•

•当てる•

保護者の方へ：
捕球のとき、手のひらは前に向きます。それはグローブを使う場合も同じです。これを覚えるための運動です。

Lesson 3
ボールをとる

同じようにボールを投げ、それを片手でキャッチします。これはグローブを使ってとるときのよい練習ですが、ほかのスポーツでも「つかむ」という大切な運動能力を高めてくれます。ボールをとるときは、大きく分けて3つのパターンがあります。

手先を下に向けて腰より下のボールをとる。
手を正面に向けて胸のあたりのボールをとる。
手を上に向けて頭の上から落ちてくるボールをとる。

ボールになれていない子どもを見るとよくわかりますが、いちばん簡単なのは、腰より下のボールをとることです。

野球などでは、「グローブに手をそえてとる」(両手でとる)と教わりますが、ここではまず、片手でとる(つかむ)感覚をつかんでもらいます。そのために、あえて片手でとる練習をしましょう。
手の向きを変えながら、いろいろなボールをとるようにします。

> **やりかた**
> ①腰より下にボールを投げてもらい、それをキャッチする。
> ②胸のあたりにボールを投げてもらい、それをキャッチする。
> ③高いボールを投げてもらい、それをキャッチする。
> ④じょじょに距離をはなしていきましょう。

腰より下のボールをとる：
体の正面でとるほうが、ボールがよく見えて、正確に捕球できます。

胸の高さのボールをとる：
グローブがあればとりやすいのですが、じつは、素手だととりにくい場所です。胸の高さのボールはひじが曲がってしまうため、大きな動きや素早い動きができないのです。また、手のひらが真正面に向くため、ボールをつかむ前に、はじいてしまいます。

頭より高いボールをとる：
顔より前の見える位置でとるのがコツ。おでこより後ろでとると、とる位置が確認しずらく、捕球がむずかしくなります。

Lesson 4
いろいろなボールをとる

Lesson 3では片手で捕球しましたが、ボールを使うスポーツでは「ボールの正面に入れ」とか、「両手でとれ」などと言われますね。
体に近い方がボールはよく見えるし、正面でとれば、後ろや横にはじかないからです。
また、両手の方が確実に捕球できます。
また、大きなボールと小さなボールでは、とり方もちがいます。
そこで、高い・低い、速い・遅い、まっすぐ・曲がる、大きい・小さいなど、さまざまなボールを、両手でとる練習をしてみましょう。

①ゴロをとる
②横のゴロをとる
③前に移動してゴロをとる
④ワンバウンドをとる（低いワンバウンド、高いワンバウンド）

投げた人の方に体を向けてとる

⑤前のボールをとる
⑥横のボールをとる（少し横、大きく横）
⑦高いボールをとる（手を伸ばして、ジャンプして）
⑧低いボールをとる（腰くらい、ひざくらい、足元）
⑨胸のあたりのボールをとる
⑩顔のあたりのボールをとる

⑪後ろのボールを下がってとる（少し後ろ、大きく後ろ）
⑫速いボールをとる
⑬いろいろな場所の速いボールをとる

保護者の方へ：
何度もくり返しボールをとるうちに、捕球の感覚がつかめてきて、身のこなしもよくなります。とれる場所に、とれる速さで、さまざまなボールを投げてとらせる。じょじょに、とれる範囲とスピードを上げる。そのような遊び感覚で、「すごいね。次はこれがとれるかな」と、ほめながらやるのが上達の秘訣です。

魔法のレッスン 4

ボールを打つ

体の近くで打ち、少しずつ遠くに当てていく

スポーツの中では「打つ」という運動が多くあります。私が専門にするバレーボールは、手でボールを打ちます。また、野球やソフトボールではバット、テニスやバドミントン、卓球ではラケットを使って打ちますね。ホッケーではスティック、ゴルフではクラブを使います。

こうした打つ動きには、それぞれ異なる特徴がありますが、共通点があります。

手で道具を操作することです。

どの道具も、手では届かないところのボールを打つことができます。

つまり、**道具は長い手のような役割をする**ということです。

長いものにボールを当てるのはむずかしいですが、手なら当たります。ボールをとる練習でもやりましたが、**「打つ」ことの基本は「手に当てる」**ことです。

そして、それをじょじょに長くしていけば当たるようになります。

野球もテニスも、手でボールを打てれば、バットやラケットで打てるようになります。バドミントンも、手でシャトル（羽根）を打てればラケットでも打てます。

また、速いボールを打つことはむずかしくても、遅いボールなら打てます。もしも遅いボールがむずかしくても、止まったボールなら打てるでしょう。

そうやって、少しずつできるようになっていけばいいのです。

保護者や指導者の方へ：

とることと少し違い、「打つ」という運動は、道具をうまく扱えなくてはいけません。自分の思った通りの軌道やスピードで、道具を動かす必要があります。

そのために大切なのが「素振り」です。ボールを打たない素振りはつまらない練習ですが、狙い通りのスイングをするには、体全体をイメージ通りに動かす「神経」をつくる必要があります。そうした神経は、くり返しの練習でつくられるのです。

Lesson 1
ボールを手で打つ（横打ち）

「打つ」のも投げるのと同じで、腕だけではできません。より遠くに飛ばしたり、速いボール打ったりするためには、全身を使います。それには「ひねる」や「体重移動」の動きが必要になります。まずは野球のバッティングのような横打ちです。

> **やりかた**
> ①投げる人に対して横向きになり、肩のところに手を開いてかまえます。
> ②おうちの人は3mくらい離れ、ボールを下手で、胸の高さくらいに投げます。
> ③それを打ってみましょう。
> ④当たるようになったら、どんどん遠くにとばします。

Lesson 2
バットを短くもって打つ

> **やりかた**
> ①横向きになり、バットを短くもってかまえます。
> ②おうちの人は3mくらい離れ、ボールを下手で、腰の高さくらいに投げます。
> ③それを打ってみましょう。
> ④当たるようになったら、体をさらにひねってかまえ、打ってみます。
> ⑤手の位置を高くし、バットも長くもつようにします。

●かまえ●　　　●打つ●

当たるようになったら、
体をさらにひねる→手の位置を
高くする→バットを長くもつ

●かまえ●　　　●打つ●

4章

69

Lesson 3
ボールを手で打つ（縦打ち）

バドミントンやテニスでは、スマッシュというワザがあります。ラケットを上からふり、ボールを強く打つのです。「体のひねり＋腕を大きくふる」ことで、大きなパワーがボールに伝わり、強いボールになるのです。バレーボールのスパイクは、さらにジャンプが加わるため、より大きなパワーになります。

やりかた
①ななめに立ち、左手はまっすぐ伸ばして顔の上、右手は頭の後ろにかまえます。左手は狙いをつける役目をします。ひじは前に出ないようにします。このとき右手の小指が上にくるようにします。
②おうちの人は3ｍくらい離れ、ボールを下手で、頭の高さに投げます。
③それを打ってみましょう。
④当たるようになったら、強くヒットし、できるだけ遠くにとばします。
⑤強くヒットし、下に打ちつけます。

左手は狙いを
つける役目

ポイント
・左手はボールの狙いをつける役目もします
・最初は左手を残して打つと、打ちやすいです
・強く打つときは、打つ方向に左足先を向けながら踏み出して体重を移動させ、左手を引きながら打ちます

顔より前で打つ
ようにする

注意！
バレーボールなどの練習をする場合は、まずはビニールボールなどの軽いボールを思いきり打つようにしましょう。

4章

70

Lesson 4
ボールをうちわで打つ（縦打ち）

手で打てるようになったら、道具を使ってボールを打ちます。ラケットの柄を短くもって練習するのもよいのですが、思いきりふると、グリップの部分がひじのあたりにぶつかることがあります。短いラケットも販売されていますが、まずはラケット代わりに、うちわを使ってみましょう。

やりかた
①ななめに立ち、左手はまっすぐ伸ばして顔の上、右手はうちわをもち、頭の後ろにかまえます。
②おうちの人は3mくらい離れ、ボールを下手で、頭の高さに投げます。
③それを打ってみましょう。左手の指を目印にし、うちわの面をそこに合わせていきます。
④当たるようになったら、強くヒットし、できるだけ遠くにとばします。
⑤強くヒットし、下に打ちつけます。

打つときは顔より前で打つようにします

・かまえ・
・打ちにいく・
・打つ・
・遠くにとばす・
・下に打ちつける・

Lesson 5
ラケットで打つ

最後にラケットをもって打ってみましょう。
左右、前後に少しボールを投げて、
移動しながら打てるようにしていきます。

> 苦手な子のレッスン

止まったボールを打つ

下から投げたボールを打てない場合は、止まったボールを打ってみましょう。
打てない理由はふたつ考えられます。
①タイミングが合っていない
②バットやラケットが思い通りの位置を通っていない
理由①の場合は、下から投げたボールを手のひらで下打ち、横打ち、縦打ちし、タイミングをつかんでいきます。また近い距離から山なりのボールを投げて打ち、距離を伸ばしていきます。
理由②の場合は、新聞紙、トイレットペーパーの芯、ボールを使います。

> **やりかた**
> ①新聞紙を細長く丸め、長い筒をつくります。
> ②テーブルの上などに、トイレットペーパーの芯を立て、その上にボールをのせます。
> ③新聞紙棒を両手でもち、そのボールを打ってみましょう。
> ④片手でもち、そのボールを打ってみましょう。

当たらない場合は、新聞紙棒を横に寝かせてかまえる

一度、新聞紙をボールに合わせてから、元の位置にかまえます

じょじょに体のひねりを大きくしていく

> **チャレンジ！**
> 両手で打てるようになったら、片手で打ってみましょう。両手のときと同じ向きに立ち、まずは右手で打ってみます。そして左手。新聞紙が思うように水平にふれず、片手打ちは意外とむずかしいことがわかります。手をそえることの大切さもわかるのです。

> "運動神経"の秘密がわかった！──

5章
できる子も苦手な子も動きが劇的に変わる コーディネーショントレーニング

旧東ドイツで生まれ、自国のアスリートの能力を大きく進化させた秘密の理論が、しだいに明らかになってきました。それにより、「運動神経がよい」とか「運動センスがある」というのは、「7つの能力」によるものだと、わかってきたのです。この「7つの能力」を磨くのがコーディネーショントレーニングで、小学生時代にとても有効です。短期間のうちに、驚くほど能力が高まります。

コーディネーショントレーニングって何？

どうして運動神経がよくなるの？

よく「あの子は運動神経がいい」とか「運動センスがある」などと言います。でも、それってどういうことなのでしょう？

「足が速い」とか「力が強い」というよりは、「ワザがたくみだ」とか「身のこなしがうまい」という表現のほうがピッタリくるようです。コーディネーション（coordination）とは、日本語では「調整する」という意味。体の動きを調整したり、力の加減を調整したり、状況や相手に合わせて調整したりする能力のことです。

1970年代、当時、スポーツの研究が進んでいた旧東ドイツで生まれた理論で、その後、アメリカでも研究されてきました。そして、日本でも「調整力」に注目した人がいました。男子バレーボールのコーチ・斎藤勝先生です。チームはミュンヘンオリンピック（1972年）で、見事、金メダルをとりましたが、選手の大活躍のウラには、斎藤先生が考えた独自のトレーニングがあったと言われています。

私は大学でバレーボールの監督をしており、チームには身長が190㎝を超える選手がたくさんいます。そうした大きな選手はふつう"不器用"と思われがちですが、コーディネーションなどの「調整力」を重視したトレーニングをすると、見る見る運動センスが高まり、大きな体とボールを、たくみに操れるようになるのです。

「運動神経がいい」とか「運動センスがいい」と言われる人は、「自分の体をうまく操作できる人」のことです。つまり、**状況に合わせて、タイミングよく、正しい方向に、ちょうどよい量の力で、体を動かせる**ことです。

トレーニングというと「筋肉をきたえるもの」と思う人もいますが、それは「筋力トレーニング」です。筋トレは筋肉に負荷をかけてきたえることで筋を太くし、パワーやスピードをアップさせます。

それに対し、コーディネーショントレーニングは、神経系に刺激を与え、体をたくみに動かせることを目的としています。

コーディネーション能力は小学生時代に伸ばす

　脳は、目や耳などから入ってくる情報をすばやく処理し、「どう動くか」を筋肉に伝えます。このとき、全身に張り巡らされた神経系（神経回路）に電気信号が送られて筋肉が動くのです。

　脳と体、あるいは体の部位と部位の「神経回路」がしっかり連係しているほど、電気信号は速く、正しく伝わります。これによって体がスムーズに、そして自分の思い通りに動かせるようになるのです。

　状況に合わせて正確な動きができたり、速度を変えたり、力の加減ができたり、その能力を磨けるのが、コーディネーショントレーニングです。

　神経系は子ども時代に成長し、5歳までに80％、12歳までにほぼ100％近くに達すると言われます。さまざまな動きを経験するほど、神経系は刺激を受け、成長します。幼児・児童期の運動が大切と言われるのは、このためです。

　また、**9～12歳は「ゴールデンエイジ」**と言われ、動きをどんどん吸収し、グングン上達する時期とされます。たった一日の練習で、別人のように上手になる子もいて、びっくりさせられることもあります。

　ちなみに、ゴールデンエイジより年少の**5～8歳くらいは「プレゴールデンエイジ」、13～15歳くらいは「ポストゴールデンエイジ」**とされます。

　もちろん、12歳をすぎても手遅れではありません。人間の体はよくできていて、何歳になっても能力は高められます。

　スポーツの世界で活躍するアスリートを見ていると、その多くはコーディネーション能力が高いことがわかります。バレーボールの選手たちも、幼児期には元気に遊び回り、さまざまな動きを経験しています。

プレゴールデンエイジでは遊びの中で、ゴールデンエイジでは多様な運動の中で、ポストゴールデンエイジではより専門的な運動や競技の中でなど、さまざまな動きによって神経は刺激を受け、能力が磨かれていく。

> 運動センスの正体がわかった！

コーディネーションの「7つの能力」とは

7つの能力を示すキーワードと関連する感覚器官

　7つの能力はそれぞれが個別なものではありません。ひとつの運動の中でも、その瞬間に、お互いに関連し合いながら能力を発揮しています。

※筋感覚：力を入れる、抜くの調整

　たとえば、バレーボールでスパイクを打つときには、各能力は次のような働きをしています（働きはほんの一例）。

> 定位：トスの距離や高さを測る、味方や相手の状況を見る。
> 反応：トスの高さや長さに応じて助走する。
> リズム化：トスにタイミングを合わせて助走し、ジャンプする。
> 変換：相手の動きに合わせて、とっさにコースを変えて打つ。
> バランス：空中で姿勢を保ちながら打ち、乱れず着地する。
> 連結：助走、ジャンプ、スイングなど、複数の動きをスムーズに行う。
> 識別（分化）：動きの速度を調整し、相手のいないところに打つ。

7つのコーディネーション能力とは、どんなものか？

1 定位能力
相手やボールなどと自分の位置関係を正確に把握する能力

自分がどこにいて、どんな状態にあるのかをつかむと同時に、動いているボールや人（相手や味方）との距離や間合いをはかれる力。

例）人とぶつからずに走れる／ボールの落下地点に正確に入れる

2 反応能力
合図にすばやく、正確に対応する能力

音や光、人の動きなど、情報をすばやく察知し、それに対して正しく、スピーディに動き出す力。目や耳から入る情報だけでなく、触覚なども含まれる。

例）合図と同時にスタートがきれる／速いボールに対して体が動く

3 連結能力
関節や筋肉の動きを、タイミングよく同調させる能力

いくつかの異なる動きをスムーズにつなげ、流れるような一連の動きにする力。体の部位をつなげ、スムーズにムダなく動かす力でもある。

例）助走、踏み切り、跳躍（ちょうやく）がスムーズにできる／ボールに合わせて移動し、とり、投げるが流れるようにできる

4 識別（分化）能力
手や足、用具などを精密に操作する能力

力を入れる、ちょっと抜く、ゆっくりじょじょに力を入れるなど、出力の程度と方向を調整する力。それによって、イメージ通りに用具を動かせる。

例）バットやラケットを狙い通りの軌道と速度でふれる／ボールを速く投げたりゆるく投げたり、力の入れ具合を加減できる

5 リズム化能力
動きをまねしたり、イメージを表現する能力

音や人の動きに対し、タイミングを合わせて動ける力。目で見た動きを、自分の体でできる力。この能力がないと、動きがぎこちなくなる。

例）ドリブルやパスがタイミングよくできる／ダンスのステップが軽快にふめる

6 バランス能力
不安定な態勢でも、プレーを継続する能力

転びそうになったり、体勢がくずれたときに、上手に体を保ち、立て直すことができる力。不安定な物の上や空中で体を保ち、動作できる力でもある。

例）体勢を変化させながらドリブルができる／スキーやスノボに乗る

7 変換能力
状況に合わせて、すばやく動作を切りかえる能力

急な変化に対し、適切な動きができる力。状況判断や身体操作、定位能力や反応能力など、さまざまな能力が複合的にかかわっている。

例）並走している相手がダッシュしたら自分も速度を上げられる／バウンドが変わったボールを捕球する

コーディネーショントレーニングの方法

どのように実践すれば効果的か?

　この本で紹介するコーディネーショントレーニングのプログラムは、「走る」「とぶ」「投げる」「体をひねる(回る)」「体を支える」という運動の大切な要素をより多く経験できるよう、考えてみました。

　指導者の中には、「トレーニング＝厳しいもの、苦しいもの」と考える人もいますが、もっとも大切なのは、楽しく、ムリなくやることです。じっさい、遊びの感覚で行うと、子どもたちは夢中になり、効果があらわれてきます。

　以下に、より効果的にプログラムを実践するための注意点を上げてみました。保護者や指導者のみなさんには、心にとめておいていただければ幸いです。

その1
楽しんでやる
練習ではなく、遊びの感覚で行いましょう。

その2
ほめる
どんどんほめてあげましょう。「ダメ」という否定の言葉は能力の出現をおさえてしまいます。「どうしてできないんだ」「何度言ったらわかるんだ」も禁句です。この言葉を言うまえに、「どうしたらできるか」を考えてあげましょう。

その3
できるように工夫する
年齢や体力、能力によって、プログラムが上手にできない子もいます。それは負荷が重いからです。ゆっくりやる、軽い負荷でやる、できる動きに換えてみる、など工夫してみましょう。

その4 動きを正確に

ひとつひとつの動作を正確にやらせ、次の動きに移るようにします。もし、子どもたちがひとりでトレーニングをするときは、そのように説明しましょう。

その5 負荷を上げていく

同じ動きでマンネリ化しないように、難易度を上げ、刺激を与えつづけることが大切です。たとえば、より正確に動く、より速く動く、より多くの回数を行う、より大きく動く、動きの数を増やすなど、負荷を上げていくことで能力は高まります。

その6 難易度の低いものから

プログラムは各能力の中で、できそうなものを選んではじめましょう。

その7 どんどん種目を変える

ひとつのプログラムをずっとやるのではなく、どんどん変えていきます。こうすることで、神経系への刺激が強くなります。子どもも飽きずにできます。

その8 イメージをもたせる

スポーツでは、どんな課題なのかを説明し、子どもに理解させ、考えさせ、より具体的なイメージをもって取り組むほうが能力は高まると実証されています。指導者が最初にやって見せたり、できる子にやってもらったりするなど、視覚化を心がけましょう。

その9 時間は30〜40分、1週間に数回

1回のトレーニング時間は30〜40分ほど。もちろん、年齢や体力によります。次のトレーニングまでに日数が空きすぎないのが理想です。

その10 感覚がフレッシュなときに

朝や練習のはじめなど、感覚がフレッシュなときのほうが効果的です。疲労やストレスがたまった状態では、感覚がにぶり、効果は減ってしまいます。

その11 心にとめておきたいこと

コーディネーションは、ふだん取り組んでいる専門スポーツでは得られない感覚を刺激するものです。プログラムをつくるときに専門スポーツを意識しすぎると、日頃の練習と変わらないものになりがちです。専門スポーツ特有の動きに合わせたい場合も、「感覚を刺激する」ということを念頭に置くとよいでしょう。

定位能力トレーニング

相手やボールなどと自分の位置関係を
正確に把握する力を高める

training 1
「とんでくぐって、私はここよ」

使うもの ゴムひも、ボール

やりかた ゴムを張る
ジャンプしてゴムをとび越える→
くぐる→まっすぐ立って前を見る。
これを5回くり返す。

ポイント
・ゴムはひざくらいの高さに張る。
・ゴムに当たらないようにジャンプしたり、くぐったりする。
・ひとつひとつの動きを正確に行う。
・5回くり返したら、ゴムの反対側からもやってみる。

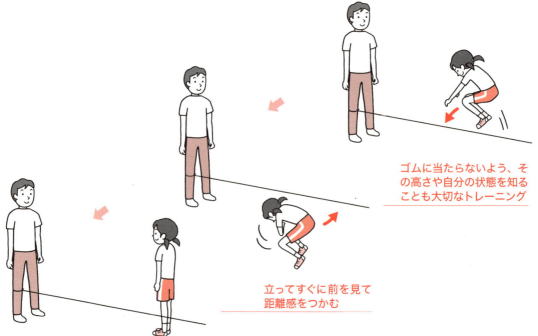

ゴムに当たらないよう、その高さや自分の状態を知ることも大切なトレーニング

立ってすぐに前を見て距離感をつかむ

応用のヒント

①ジャンプで180度反転してみる。
②ゴムの下をゴロゴロ転がってくぐる。
③目をつぶってやってみる。（幼児や低学年はご注意ください）
④ゴムをくぐったしゅんかんに、大人がボールを投げ、それをキャッチする。

training 2
「ボールから目をはなすな」

★

使うもの	ボール
やりかた	大人といっしょに

大人がボールを転がし、それをジャンプしてとび越える→すぐにボールをとり、大人に投げ返す→元の場所まで戻って、あおむけに寝る→大人がボールを投げ、上半身を起こしてキャッチする。これを5回くり返す。

とんだり、寝たり、起きたり、さまざまな姿勢変化の中で、位置関係をつかんでいく

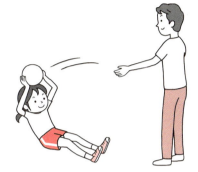

ポイント
・ボールから目をはなさないようにする。
・タイミングを合わせてジャンプし、ボールをふまないように注意。(足を開いてもよい)

応用のヒント
①ボールを転がすのではなく、足元に投げ、それをとび越える。
②うつぶせに寝て、上体をそらしてキャッチする。

training 3
「耳で見てみよう」

★

使うもの	ボール
やりかた	ひとり(A)を中心にして、ほかの3人(B、C、D)が外側に立つ。Aは目をつぶる→Bがボールをもち、Aの名前をよぶ→Aは目をつぶったまま、Bの方を向き、目をあける→BはAにボールを投げる→Aはボールをキャッチし、Bに返球し、ふたたび目をつぶる→BはCにボールをパスする→CはAの名前をよぶ→AはCの方を向いて目をあけ、ボールをキャッチし、返球する。これをくり返す。

ポイント
外の人は順番にパスをするのではなく、うまく回す。
また、外の人は移動しながら、位置を変えて行う。

位置関係

AはB、C、Dの真ん中に立つ

ボールはAの上を通過するように投げる

応用のヒント
なれてくると、名前をよばなくても、パスする音でどこにボールがあるかわかるようになるので、そっちのほうを向く。

5章

81

反応能力トレーニング
合図にすばやく、正確に対応する力を高める

training 1
「すぐに動けるかな」

やりかた
大人がサインを出し、決められた動きをする。
はじめにサインと動きを決めておく。
①指を右に指す→左に2歩移動　②左を指す→右に2歩移動
③上を指す→ジャンプを2回　④下を指す→うつ伏せ　⑤指を回す→1回転ジャンプ
その場で小刻みに足踏みし、指のサインが出たしゅんかんに、その動作をする。
30秒間くらいつづける。

応用のヒント
①動きを少し複雑にする。
②指によるサインではなく、数字にする。(例：「1」と言ったら、左に移動)

training 2
「私はかがみ」

やりかた
大人と同じ動きをしてみる。
大人がする動きを、すばやく、正確にマネする。20〜30秒間つづける。

ポイント
大人はできるだけすばやく、大きな動きをする。

大人が動いたしゅんかんに子どもも動く

training 3
「見えたらキャッチ」

使うもの ボール

やりかた 大人はボールをもち、子どもは背中を向けて立つ。子どもの頭を越えて、ボールを山なりに投げる→ボールに気づいたら、それを追ってキャッチする。できるだけワンバウンド以内でボールをとる。これをくり返す。

ポイント
はじめは、頭の上、ぎりぎりくらいをねらい、ボールに気づきやすくする。

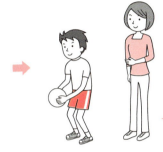

じょじょに距離を開き、ボールも遠くに投げるようにする

応用のヒント 向かい合って立ち、大人がボールを投げたしゅんかんに、クルッと後ろを向いてボールを追う。じょじょにボールを遠くに投げるようにする。

training 4
「クッションボールをキャッチ」

使うもの ボール

やりかた 大人が壁にボールをぶつけ、それをキャッチする。

ポイント
・子どもは、壁から3mくらいはなれ、壁のほうを見て立つ。
・大人はさまざまな方向に、速度を変えてボールをぶつける。
・はじめは、ゆるいボールが正面に返るようにする。

応用のヒント 子どもも壁に背を向けて立ち、大人がボールを投げたしゅんかんにふりむき、ボールをキャッチする。

連結能力トレーニング

関節や筋肉の動きを、
タイミングよく同調させる力を高める

training 1
「回ってジャンプ」

使うもの	ふとんやマット
やりかた	前転→ジャンプして足を開く→後転→1回転ジャンプ（3回連続）

ポイント
・ふとんなど、やわらかいしきものの上で行う。
・ひとつひとつの動きをしっかり行う。

training 2
「全身シーソー」

使うもの	ボール2〜3個
やりかた	うつぶせになり、両手を伸ばして、ボールをもつ。大人2人は両側にボールをもって立つ。子どもの手の下にボールを転がし、子どもは両手と胸を上げてそれをよける。同じように足の下にボールを転がし、子どもは両足を上げてそれをよける。これをくり返す。

ポイント
お腹を中心に、手と足が、ギッタンバッコンと動く。

応用のヒント　両手と両足に、それぞれボールをはさみ、よけてみる。

training 3
「ボールリレー」

使うもの ボール
やりかた あおむけに寝て、両手を伸ばして、ボールをもつ。両手、両足を上げて、手のボールを足ではさむ→両手、両足を伸ばす→両手、両足を上げ、足のボールを両手でつかむ。この動作をスムーズに行い、3回くり返す。

ポイント 足と手のボールの受け渡しをスムーズに行う。

training 4
「へんてこスキップ」

やりかた
スキップしながら、右腕は前回し、左腕は後ろ回し。
次は、左腕は前回し、右腕は後ろ回し。

ポイント
できない場合は、次のようにやってみましょう。
①スキップ＋両腕を前回し
②スキップ＋両腕を後ろ回し
③スキップ＋片腕は前回し、片腕は後ろ回し
このように段階をふむと、できるようになります。

手と足が違う動きをすると脳が混乱し、体勢もくずれやすくなる。最初はゆっくりでもよいので、動きを確実に、姿勢をよくして行う

応用のヒント
①スキップで後ろに進む。
②スキップで横に進む。

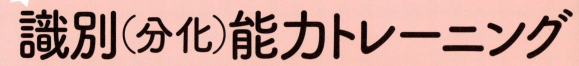

識別(分化)能力トレーニング
手や足、用具などを精密に操作する力を高める

training 1
「コップでキャッチ」

野球の捕球やバレーボールのレシーブなど、「ボールを受ける」ときには、
ボールの勢(いきお)いをゆるめるための「緩衝(かんしょう)動作」が大切になります。
わかりやすく言うと、少し手を引きながらとる動きです。

使うもの 紙コップ、カラーボール、バレーボールなど
やりかた カラーボールを上に投げ、紙コップでキャッチする。

少しずつボールを高く上げていく

ポイント 紙コップに入るしゅんかん、ボールがはずんでしまうので、ボールの勢いをころすように、コップをスッと下に引くのがコツ。

手だけを下に引くのではなく、ひざを曲げて腰を落とすのがコツ。こうすると、目とコップの距離が変わらないため、とりやすい

応用のヒント
①コップを逆の手にもってやってみる。
②トイレットペーパーの芯などにボールをのせる。
③バレーボールなど、大きくて重いボールを上に投げ、ワンバウンドさせてキャッチする。ボールが重いため、勢いをころさないと、紙コップがグシャッと、つぶれてしまいます。

training 2
「背中でキャッチ&リリース」

使うもの ボール

やりかた
ボールを上に投げ、背中がわでキャッチする。
おんぶをするように、背中がわで、両手でキャッチ→その状態から、ひざの屈伸などを使い、ボールを前に投げ、それを顔の前でキャッチ。リズムよく、くり返す。

ポイント
・最初は頭すれすれのところを通し、前かがみになると、背面キャッチしやすい。
・背面から前面に戻すときは、前かがみになり、ジャンプするように投げる。

できるようになったら、前かがみにならず、まっすぐに立ったままキャッチしてみる

応用のヒント じょじょにボールを高くしたり、ワンバウンドさせたボールをとったり、相手から投げてもらったボールをキャッチしてみる。

training 3
「キャッチ&キックボール」

使うもの ボール2個

やりかた
ふたり（AとB）で3mくらい離れて向かい合い、キャッチボール（下から両手で投げ、両手でとる）しながら、もうひとつのボールを足で転がし合う。

ポイント
・Aはボールを投げる→同じタイミングで、Bはボールをける→Bがボールをとる→同じタイミングで、Aは足でボールを止める。
・ボールを足の裏でとめ、そのまま転がすようにするとやりやすい。
・足元のボールは顔を下げて見ずに、視界の下のほうでとらえるとよい。
・はじめは「せーの」と声を合わせて行うとやりやすい。

リズム化能力トレーニング
動きをマネたり、イメージを表現する力を高める

training 1
「足であっち向いてホイ」

やりかた 足でジャンケンをし、あっち向いてホイで体の向きを変える。ぴょんぴょんはねながら、「さいしょはグー、じゃんけんポン」とやり、勝った方は「あっち向いてホイ」と体の向きを90度変える。負けた方は、体を逆に向ける。同じ方を向いたら負け。

ポイント ぴょんぴょんはねながら、リズムよく、二人のタイミングを合わせる。

グー

チョキ

パー

training 2
「スキップ&ドリブル」

使うもの ボール
やりかた スキップしながら、ボールをドリブルする。大人にテンポを変えて手拍子をしてもらい、それに合わせて、スキップ&ドリブルをする。

ポイント 速いテンポでは、ドリブルは小さく低くなり、遅いテンポでは大きくなる。

応用のヒント
・ボールを2個使い、両手でドリブルする。
・じょじょに速度を上げ、ボールが手にふれる時間を短くしていく。

training 3
「ジャグリング」

ジャグリングとは、2個以上のモノを順番に空中に「投げ、とる」をくり返すワザで、かならず1個以上のモノが空中にあるようにします。お手玉もそのひとつです。

やりかた
① 左右の手にひとつずつボールをもちます。
② 左手でボールを上に投げたら、右手のボールを左手に移し、右手でボールをとります。
③ これをくり返します。

ポイント
・リズムよく、ひざなどを曲げ伸ばししながら、タイミングをはかります。
・「投げる」「とる」の両方を見ようとすると、うまくいかないので、目は投げたボールを見るようにし、とるときは、視界の下でとらえるようにします。このため、手は少しだけ前に出してやると、うまくいきます。

応用のヒント
① ボールを3個にしてみましょう。
② 片手でやってみましょう。

training 4
「手足のリズムタッチ」

やりかた 手のひらで足の裏をタッチする。
① 右足を左手でタッチ（前方）→ ② 左足を右手でタッチ（前方）→ ③ 右足を左手でタッチ（後方）→ ④ 左足を右手でタッチ（後方）。
これをリズムよく、くり返す。

イチ♪　　　　ニ♪　　　　サン♪　　　　シ♪

声を出しながらテンポよく体を動かす

バランス能力トレーニング

不安定な体勢でも、プレーを継続する力を高める

training 1
「まっくらバランス」

やりかた
片足で立ち、両腕をまっすぐ左右に開く。そのまま目をとじて、30秒間。

ポイント
・体がゆれてくるが、なるべく動かないようにこらえる。
・頭の位置をまっすぐにするのがポイント。

応用のヒント
①逆の足でやってみる。
②足を大きく前に上げる。あるいは、大きく後ろ、または横に上げる。
③手を真上に上げてみる。（バランスがとりにくい）

training 2
「片足キャッチボール」

使うもの
ボール

やりかた
2人組で、片足を上げてキャッチボールする。

ポイント
なるべく、ケンケンしたり、ふらふらしないようにする。

training 3
「腕立てバランス①」

使うもの	ボール
やりかた	ボールの上に両足を置き、うつぶせになる。ボールの上に足を置いたまま、両腕を立て、腕立てふせの姿勢になる→手で後ろに2～3歩進む（ボールは足元からももの方に転がる）→手で前進（ボールはももから足元の方に転がる）。これを2～3往復くり返す。

ポイント ボールが足から外れないように、手、足、全身でバランスをとる。

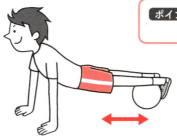

ボールを動かすのではなく、手を使って、体を前後に移動する

応用のヒント 片足の下に置いて、同じように転がしてみる。

training 4
「腕立てバランス②」

使うもの	ボール
やりかた	片手の下にボールを置き、腕立ての姿勢になる。そこから片手でボールを背中の上に置き、ふせる。逆の手でも同じように行う。

ポイント ボールが大きくてつかめないときは、手首を使ってうまくつかむ。

体がかたむかないよう、バランスをとる

両足を開いて行うと支点が3点になりバランスをとりやすい

次は逆の手で行う

変換能力トレーニング

状況に合わせて、
すばやく動作を切りかえる力を高める

training 1
「背中に気をつけろ」

使うもの
ハンカチ（ハンドタオル）

やりかた
背中側の腰の部分に、ハンカチをはさむ。
2人で向かい合い、ハンカチをとり合う。

ポイント 相手の動きに反応し、それを防ぐ動きをする。

応用のヒント
①くつ下にハンカチをはさみ、それを取り合う。
②手首にハンカチを巻き、それを取り合う。

training 2
「オーバー＆アンダー」

バレーボールのジュニアチームなどがよく行なっているトレーニングです。

使うもの バレーボール

やりかた AとBでふたり組になり、各自がボールをもちます。
Aはおでこの上にボールを両手でもちます。
Bは下からAにボールを投げるので、Aはおでこにかまえたボールを上に上げ、その間にBが投げたボールを打ってBに返し、自分で上に投げたボールをおでこの上でキャッチします。これをくり返します。

応用のヒント Bは高いボールや低いボール、ワンバウンドなど、いろいろなボールを投げます。

training 3
「ハンドテニス」

使うもの	ボール
やりかた	2人で向かい合い、手でボールを打ち合う。ワンバウンドで打つのがルール。得点をつけて行う。

ポイント
- 中央にゴムを張ったり、ラインを引いたりして、ゲーム性をもたせる。
- フェイントをしたり、とりにくいボールを打つことで、状況判断と動作の切り替え能力が高まる。

応用のヒント
①両手で交互に行う。
②ボールを2つで行う。

training 4
「3人どっち？ボール」

使うもの	ボール
やりかた	3人で行う。中央の1人が、ボールをよける。 外の2人は4mくらい離れ、チェストパス（両手）で相手にボールをパスする。 中央の人は、それをジャンプしたり、体をふせたり、ひねったりしてよける。

ポイント
- パスは次の2種類。
①相手の胸にパスする
②中央の人の足元にワンバウンドさせる
- パスするときは声を出す。①のときは「上」、②のときは「下」と言う。
- 中央の人は、「上」と言われたらふせ、「下」と言われたらジャンプしてよける。
- 「下」と言われたときにふせると顔にボールが当たったりするので、パスする側も、よける側も注意して行う。

最後に ── 子どもたちの大きな可能性と未来を信じる

　スポーツにおける「うまさ」とは、「ほどよく力を抜いた動きができる」ということでもあります。「うまさ」を育むには、ハイパワー、ハイスピードではなく、ちょっと力を抜いた中で、いろいろな感覚を覚えていくことが大切です。

　バレーボールで「狙った場所にボールを打つ」という課題に対して、次の3つのうち、どの練習が一番早く上達するか、を実験したことがあります。

　①全力で的を狙う　②ゆっくりでいいから正確に的を狙う　③スピードと狙いの両方のバランスをとる

　実験の結果、もっとも上達が早かったのは、③の「バランス型」でした。

　コーディネーショントレーニングも同じです。最初から全力でやるのではなく、楽しく、ほどよいスピードで、ひとつひとつの動きを「きちんと」やることが大切。そこから少しずつハイスピード、ハイパワーを追求していけばいいのです。

　「どんなふうにやるか」「どうすればうまくできるか」を動きの中で見つけられるようになる、というのもコーディネーション能力の大きな目的のひとつです。

　そして、それは「どういうふうに生きるか」ということにまでつながっていくのではないか、と私は考えています。

＊

　小学校の体育は「運動に親しみを持つ」ことを目的としています。アスリートを育てるためのものではありません。ただし、「運動する力」が育たないと、運動に苦手意識や嫌悪感を覚えてしまう。そうならないためにも、基礎的な「運動する力」を身につけてほしいと思います。当然、うまくできる運動も、できない運動もあるでしょうが、そこにフォーカスを当てるのではなく、体を動かすことや、少しずつできるようになっていくことの楽しさを味わってほしいと考えています。

＊

　指導者や親御さんにも、そうした視線を持っていただけたらよいと思います。

　「どれだけできるか」とか「これができたか、できないか」という基準をつくると、到達しない子の方が圧倒的に多くなり、自信をなくしていきます。しかし反対に、「昨日よりここがよくなった」とか「できなくても何かに気づいた」など、過去に対しての成長を認めてあげると、自信をもち、成長の芽が伸びていきます。

　子どもたち自身が、自身の変化に気づくことも、成長には欠かせません。

常人にはわからない常識が存在する

　私自身は、子どもの頃から運動が得意でした。身長も高く、小・中学校時代は野球に夢中でした。甲子園に出てプロ野球選手になることを夢見ていたのですが、縁あって高校でバレーボールに転身し、全国大会で優勝する幸運にも恵まれました。そして、大学の体育学部に進み、「コーチ学」という学問に出合ったのです。

　簡単に言うと、「どういうことをやると、こういう結果が出る」と研究するのがコーチ学です。当時、厳しい練習を“やらされ”、伸び悩む人が大勢いました。そんな中で、練習の意味を理解させ、自発的に取り組ませる「コーチ学」に、私は大きな魅力と可能性を感じたのです。仮説を立て、効果的な練習方法を考え、実施、検証する――。その研究は奥が深く、いまでも研鑽を積む日々です。

　予想をくつがえす驚きの事例も少なくありません。こんなことがありました。

　「視覚能力」と「バレーボールのレシーブのうまさ」を調べるために、最高峰のリーグで活躍する選手たちの協力を得て、データを取ったときのことです。

　「時速100kmを超える高速ボールを正確にレシーブするには、視力や動体視力がよいほうが有利」と仮説を立て、最新の機器を使い検証しました。すると、ほとんどの選手は仮説通りだったのですが、レシーブの一番うまい選手だけは例外でした。視覚能力が飛びぬけて低かったのです。彼の言葉はとても印象的でした。

　「ボールはよく見えていない。でもラインが見えるので、そこに手を出すと返る」

　トップ・オブ・トップの選手にとって、「見えている」か否かは、さほど大事ではない。**常人ではわからない常識が存在し、彼はその世界でプレーしていたのです。**

　私たちは日頃から自分の中に決まったスケール（モノサシ）を持ち、物事を判断します。いわゆる常識というやつです。でも、そのスケールで本当に正しいことが見えているのか？　それは平均値から見た、せまい範囲の常識ではないのか――。

　子どもを見ていると、1日にして別人と見違えるほど成長するときがあります。いっぽうで、まったく成長が感じられないときもあります。でも、子どもが何かにトライしているなら、かならず、小さな成長をしているのです。

　子どもたちが起こす小さな変化に気づいてあげられたら素晴らしいと思います。成長を認めてもらえた子は、未来に向けて、自信を持って進んでいけるでしょう。本書が子どもの大きな可能性を拓く小さなきっかけになれば、うれしい限りです。

髙橋 宏文

髙橋宏文……… たかはし・ひろぶみ

東京学芸大学 健康スポーツ科学講座 准教授。同大学男子バレーボール部監督。1970年神奈川県生まれ。順天堂大学大学院修士課程コーチ学専攻を1994年に修了。大学院時代は同大学女子バレー部コーチを兼任し、コーチとしての基礎を学ぶ。大学院修了後は同大学助手として2年間勤務。この時期に男子バレー部のコーチを3年半務める。1998年10月より東京学芸大学に勤務。同大学で男子バレー部の監督を務めて1部リーグに引き上げ、優勝を目指して奮闘中。検証と研究に基づく論理的な指導を展開する一方で、柔軟でハートフルな人間味のある選手育成は高く評価されている。Vリーグ等で活躍する選手も多数輩出。現在は、バレーボールの指導のみならず、運動指導全般に目を向け、「運動する力」を伸ばす研究や学習に励んでいる。こうした経験から得た知見をあらゆる指導に生かして実証を重ね、独特の指導理論を作り上げてきている。

Special Thanks
本書の運動の検証・実演モデルを務めてくださった小学生バレーボールチームの川崎B-REXのみなさんと、同チーム監督で私の高校の先輩でもある山城 稔さんに深く御礼申し上げます。

参考図書：
「体育授業を変えるコーディネーション運動65選」東根明人（主婦と生活社）
「運動神経の科学」小林寛道（講談社現代新書）
「スポーツのできる子どもは勉強もできる」深代千之・長田渚左（幻冬舎新書）
「最強の筋肉をつくるインパルストレーニング」蔦宗浩二（メディアパル）ほか

子どもの身体能力が育つ
魔法のレッスン帖

発行日 ■ 2018年7月1日　第1刷発行
　　　　2019年5月1日　第2刷発行
著者 ■ 髙橋宏文

発行人 ■ 小宮秀之
発行所 ■ 株式会社メディアパル
　　　　〒162-0813　東京都新宿区東五軒町6-21
　　　　TEL：03-5261-1171　FAX：03-3235-4645

企画・編集 ■ 株式会社BE-million

イラスト ■ 瀬川尚志
ブックデザイン ■ 大野恵美子（studio Maple）

印刷・製本 ■ 中央精版印刷株式会社

ⓒ Takahashi Hirobumi & BE-million, 2018 Printed in Japan

■定価は表紙に表示してあります。造本には十分注意しておりますが、
　万が一、落丁・乱丁などの不備がございましたら、お手数ですがメディアパルまでお送りください。
　送料は弊社負担でお取り替え致します。
■本書の無断複写（コピー）は著作権法上での例外を除き禁じられています。
　また代行業者等に依頼してスキャンやデジタル化を行うことは、
　たとえ個人や家庭内での利用を目的とする場合でも著作権法違反です。